# 伊東昭年のスマートゴルフ

## 頭もからだも活性化するスイング理論

## 伊東昭年　ITO Akitoshi

１９６５年生まれ。青山学院大学中退。アマチュア時代はツキイチゴルファーで、平均スコアは95前後。43歳のとき、区役所職員からティーチングプロをめざして転身。45歳でプロ資格取得。その後、飛距離アップのために、それまでのスイングを抜本的に改造し、独自のスイング理論を確立。ドライバーは平均飛距離を40ヤード伸ばすとともに正確性もアップ。抜群のフェアウエイキープ率を誇る。ゴルフスイング理論書はほとんどを読破し、自らの研究テーマはスイング理論の探求にあると語る。「生徒さんがうまくならなかったらぼくの責任」とはっきり言い切ることができる数少ないティーチングプロである。何人もの生徒さんが飛距離とスコアを飛躍的に伸ばしている。親身なレッスンは定評があり、「伊東さんのためにうまくならなければ」という生徒さんも多い。

USGTF（アメリカ合衆国ゴルフティーチャー連盟）ティーチングプロ

www.itoakitoshi.com

# 目次

## 第4章　スマートスイングの応用　125

# はじめに

わたしはゴルフのティーチングプロになる前は、渋谷区役所で働く公務員でした。ゴルフは大好きでしたが、ラウンドは月に1度行くか行かないか程度、スコアも100を切るぐらいのごく普通のゴルファーでした。ラウンド回数は少ないものの、ゴルフへの興味は強く、そのころすでにありとあらゆるゴルフスイングの理論書、レッスン書を読んでいました。

教育にはもともと感心があり、青山学院大学でも教育学を専攻していました。スポーツ指導では地域の少年野球チームの監督として小学生の指導に当たっていました。最初は自信も技術もない子どもたちが、本大会への出場をめざして、地区大会から努力を続け、自信も技術も身につけ、堂々と本大会への出場を手にしたのを何度も見てきました。弱小チームが強豪チームへ育っていくことで学んだのは、「具体的な目標を持って、正しい方向へ努力を続ければ必ず成果はでる」ということでした。自分のゴルフについても、「ゴルフがうまくならないのは、努力の方法がまちがっているのだ。自分のゴルフはもっとうまくなる」と考えたのが、ティーチングプロを志したきっかけです。

43歳のとき、ティーチングプロになることを決意して区役所を退職しました。いろいろなレッスンを受けたり、オーストラリアへ短期留学もしたりして、自分のゴルフもレベルアップしました。その後、いくつかのゴルフスタジオで生徒さんを実際に教えながら、ティーチングプロをめざしました。ゴルフには科学的分析が不足していると感じていましたから、このプロセスで学んだ、ゴルフはボールとクラブヘッドの衝突現象であるとする考え方や、スコアアップのためにはスイングだけではなくコース攻略戦術が必要であるという考え方は大いに役立ちました。

ティーチングプロをめざして1年後、ようやくパープレーを達成し、その半年後にプロ資格を取得して独立しました。レッスンの生徒さんも徐々に増えて、ビジネスは順調に進んでいました。

しかし、スイングには疑問を感じていました。わたしのスイングは腕を積極的に使うアームスイングでしたが、どうしても飛距離が伸びないのです。レギュラーティーからはともかく、バックティーからパープレーを狙うのには飛距離が不足でした。そこで、思い切ってスイング改造に踏み切りました。ティーチングプロになってからのスイング改造は勇気がいりましたが、試行錯誤を繰り返し、ついにからだの回転を主体とするボディスイングを獲得するに至りました。ドライバーの飛距離も240ヤードから280ヤードになり、同僚のプロたちも驚いています。正確性も高くなり、バックティーからのパープレーも容易になりました。わたしのスイング理論は、実践を繰り返すうちにどんどんシンプルになりました。そして、いま、みなさんに自信を持ってお伝えできるまでになりました。

わたしは、ティーチングプロたるもの、自分の生徒さんの成果に責任を持つべきであると考えています。生徒さんがうまくならなかったら、それは教える側の責任です。生徒さんの結果がでないのに、コーチングの責任をとろうとしないのはプロとはいえません。

本書は初心者、女性、アベレージゴルファー、アスリートといろいろなタイプの生徒さんへのレッスンを通じて、実際に成果を確認し、ティーチングプロとしての責任と確信に基づき書き下ろしました。もちろん、自らも体得し実践しているスイング理論です。本書をお読みいただいたみなさんが「正しい努力の方向」の第一歩を踏み出していただければなによりの幸せです。

最後になりましたが、わたしを支えてくれたすべての方々に、感謝の意を表します。ありがとうございました。

# 第1章　ゴルフは誰でもうまくなる！

この章では、ティーチングプロとしての体験から、実際のレッスンで気づいたことを説明しています。ゴルフがうまくなるためには、いままでのまちがった常識や、練習やレッスンで身につけたまちがった思い込みを取り去ることが必要です。

## 「ヘタにはあきた！」鈴木さんの場合

鈴木さん（仮名）はゴルフキャリアは3年以上。１６７センチ73キロの35歳男性です。はじめた当初はどのように打っていいか、まったくわからず、シニアプロにレッスンを受けたそうです。

わたしのレッスンを受ける前の平均スコアは、１３０前後。ドライバーの飛距離は１８０ヤード前後でした。

鈴木さんはゴルフがうまくなりたいとおもっていましたが、いままでの経験から、レッスンに対してあまり大きな期待を持っていたわけではなかったそうです。わたしが独立する前にいたゴルフスタジオでよくお話はしていましたが、レッスンをしたのは数回だけでした。

わたしがティーチングプロとして独立してすぐ、

「もう、ヘタにはあきた！　もっとうまくなりたい。伊東さんのいうとおりやりますから、ぜひお願いします」と鈴木さんはわたしのところへ来たのでした。わたしの人間性を全面的に信頼してもらったことがとてもうれしくて、感動したのを覚えています。

それまでの鈴木さんは、テイクバックで右ひじを引きすぎ、クラブヘッドはインサイドに上がりすぎていました。その結果、インパクトでは手首を返してヘッドを戻し、フェイス面がターゲットラインにスクエアになるようにして打たざるをえませんでした。ボールは低いひっかけのフックが多く、インパクトでヘッドが戻らないときはフェイス面が右を向いたままインパクトして、最初から右へ飛び出すボールになりました。

鈴木さんのレッスンで、まず、わたしが集中して修正を試みたのは、このテイクバックでした。

ほぼ、１カ月が経過したころ、鈴木さんのスイングに変化がではじめました。両方のわきが締まり、クラブヘッドとからだがいっしょに動いていくようになってきました。これによってテンポもゆっくりと一定になり、クラブヘッドが正しい軌道を描き出しました。

ゴルフスイングではクラブヘッドが正しい軌道をとおることが大切です。腕や手に不必要な力を入れてしまうと、からだの動きとクラブヘッドの動きがばらばらになってしまい、このことは達成できません。

もうひとつ、鈴木さんのスイングでチェックしたことは、トップでのクラブの向きでした。トップでクラブのフェイス面が開いていたのです。このことはグリップが大きく関連していました。鈴木さんはトップで右手の小指に力を入れていたため、このことが起きていました。わたしは、トップでの正しいクラブの支え方を教えながら、正しいグリップをつくっていきました。正しいグリップによって、正しいテイクバックができて、からだの動きとヘッドの動きは正しく一体化するようになりました。

鈴木さんのスイングはぐんぐん上達し、ドライバーの飛距離は230ヤードに伸びて、本格的にレッスンをはじめてからほぼ10カ月後、100を切るラウンドが実現しました。

そして、100を切ってから4カ月。鈴木さんはついに90も切って、ベストスコアの86を出しました。130から1年2カ月で80台を実現したのでした。

現在の鈴木さんはドライバーで240ヤード、9アイアンで120ヤードをきちっと打っています。プロアマ戦でいっしょにラウンドしたプロたちに、「きれいなスイングですね」といわれたのがとてもうれしかったといっています。

## 「よいスコアを出したい」　田中さんの場合

田中さん（仮名）はとても熱心なゴルファーです。49歳の女性で体力はあまりありません。システム系の会社の経営者で、仕事はバリバリとこなしていますが、ゴルフはなかなかうまくなりませんでした。

田中さんがゴルフをはじめたのは4年前。最初は有名なツアープロの経営するレッスンスタジオでレッスンをはじめました。レッスンでは自分のスイングを撮影したフォーム映像とツアープロの映像を重ね合わせることからはじまったそうです。ティーチングプロからはこの映像を見ながら「田中さん、これをめざしましょう」といわれましたが、「これは絶対に無理！　わたしにはできない」とおもってこのレッスンスタジオをやめたそうです。

次に通ったのは都心のゴルフスタジオ。ここには3年近く通って練習を続けました。このレッスンは徹底して飛距離を出すためのレッスンで、田中さんが教わりたいスコアをよくするためのレッスンではありませんでした。クラブも飛距離を出すために柔らかいシャフトを勧められたそうです。その後も別のゴルフスクールへ通った後、わたしのところへやってきました。田中さんの希望は、実践的コースレッスンによって、スコアメイクを学び、よいスコアを出したいということでした。

田中さんは、ショートゲームをまったく練習していなかったので、まずはショートコースでのラウンドレッスンからスタートしました。ショートゲームのレッスンに集中的に取り組んだ後、本コースラウンドレッスンへ行きました。ここで、115がでました。それまでは140もたたいていたのが、レッスンをはじめてから3回目のラウンドレッスンで25打改善されたことになります。これはスイングを変えたわけではありませんでした。

そして、今度は、スイングを改造する本格的レッスンがはじまりました。

この頃の田中さんのスイングは典型的な「振り遅れスイング」でした。インパクトでクラブフェイスが戻らずに開いたままでした。

田中さんのスイングはからだを左右に大きく動かし、インパクトは上から下へ、クラブヘッドをボールにぶつけておわり、というものでした。ヘッドをボールにぶつけるとき、インパクトに向けて、開いていたクラブフェイスを閉じて、スクエアにしようとするので、インパクトではフェイス面が下を向いてしまうことも多いスイングでした。ボールはほとんど上がらず、地をはうような低い球で距離もでませんでした。ドライバーの平均飛距離は１００ヤード。時々、ボールの下をたたいて20ヤードしか飛ばないテンプラボールもでました。

スイングの修正は、まず、グリップ。そして、アドレスでまるくなる背中を伸ばした構えへの変更からはじめました。そして、ダウンスイングで直線的に振り下ろすスイングを、円を描くスイングへと変更することを集中しておこないました。

スイング改造にとりかかってからちょうど1年。田中さんはついに97のスコアを実現しました。アプローチは7アイアンで転がす得意技を身につけました。残りが20ヤードでも30ヤードでも7アイアンで転がしました。

バンカーはとても上手になりました。女性は力がない分、バンカーでは思い切り振り切ることができます。このことを利用して、田中さんは「ボールの後ろの砂をスイングで飛ばす」ことだけを意識して打っています。

田中さんの現在の平均ラウンドスコアは１００前後です。

## 「きれいなスイングをしたい」 佐藤さんの場合

佐藤さん（仮名）は、191センチの長身。31歳の男性でサーファーです。

どちらかといえば、スコアアップよりも、きれいなスイングをすることがレッスンを受ける動機でした。コースにはあまり行くことはありません。2、3カ月に1回程度です。スコアは、平均すると100台で、90を切ったことは一度もありませんでした。いままで、4年間、ゴルフスクールに通っていましたが、悩みは飛距離で、恵まれたからだなのに、ドライバーで200ヤードしか飛びませんでした。7アイアンで120ヤードの飛距離でした。

きれいなスイングをめざしていたこともあって、レッスンではいつもわたしのフォームと自分を比較することに興味がありました。しかし、レッスンは、コースを想定して練習打席でボールを打つことからはじめました。スイングを改造するのではなくて、「何打でグリーンオンするか？」を考えながらの練習です。きれいなスイングをしたい佐藤さんにとっては、不満があったとおもいますが、スコアアップへの意欲を持ってもらったほうが、スイング改造の必要性をきちっと認識できると考えてのことでした。

そして、レッスンをはじめて1カ月。その練習だけではじめて90を切り、89がでたのです。

鈴木さんにスコアアップ意欲がでてきました。そこで、次はスイング改造へとりかかりました。

佐藤さんのスイングはいわゆる手打ちスイングで、本人は「猫パンチ」スイングと呼んでいました。インパクトで右手首がてのひら側に折れてしまうので、正確にインパクトができません。クラブのロフトが大きくなってしまい、アイアンは高いボール、ドライバーは、フェイスの下側にボールが当たって、ドロップするような低いボールがでていました。

佐藤さんのスイング改造は、手の動きをできるだけ抑えて、からだの回転を使ってスイングするように修正しました。手首を折らずにスイングするだけで、ドライバーの飛距離は20ヤード伸びて、220ヤードになりました。

## からだの動きをことばで伝えるのは難しい

このような実例を挙げてわたしのレッスンをご紹介しましたが、からだの動きをことばで教えるというのは、とても難しいのです。教える側も教わる側も、このことを認識してレッスンするかしないかでは進歩に大きな差がでます。わたしのレッスンで成果がでているのは、このことが大きいとおもいます。

からだの動きとそれを動かす意識は、その人固有のものなのです。他人が共有できるものではないのです。ティーチングプロが「○○を意識して」とか、「○○をイメージして」といいますが、そのティーチングプロの持っている意識とからだの動きの関係は固有のものですから、他人と共有できないのが当然です。もし、うまくいったとしたら、そのティーチングプロと自分の意識とからだの動きの関係が偶然に似ていたのかも知れません。**ティーチングプロにいわれたとおり、同じことばを意識しても、同じようにからだは動かなくて当たり前なのです。また、外から見たからだのかたちでは、何を意識しているかはよくわからないのです。**

また、自分のからだの動きをことばに置き換えることは完全にはできません。無意識下にあるからだの動きであれば、なおさらです。ことばに変換したときに、からだの実際の動きと、ことばの表現に誤差がでるようなことが起こります。

## からだの動きと意識の関係

ゴルフのスイングに要する時間はほんの一瞬です。いろいろなことを考えながらスイングをすることはできません。また、スイングの前にいろいろ考えると、今度はからだに力が入って、スムーズにからだは動かなくなります。

**スイングがはじまってから意識できることは、誰でもひとつかふたつです。そうでなければからだは硬直してスムーズには動きません。**からだの動きは無意識が制御する部分が大きいので、スイングでも正しいからだの動きを、いかに潜在意識レベルに落とし込めるかがポイントです。

スイングの練習は、潜在意識に落とし込むことを増やしていきながら、身につけるということです。最初のころは意識しなければできなかったことが、だんだん自然にできるようになります。そして、今度は別のことを意識してスイングができるようになり、スイングは上達していきます。

## ゴルフの「常識」を確認しよう

ゴルフ雑誌のレッスン記事はいろいろなことが書いてあります。まったく反対のことが同じゴルフ雑誌にでていることさえあります。これは、プロでさえもゴルフスイングで意識していることはそれぞれ違うことから起きる現象だとおもわれます。

しかし、これらの記事を読むことは無意味かというとそうではありません。スイングの原理を知るために、参考にすべきところ、そうではないところをしっかり切り分ければ、スイングづくりに大いに役立ちます。中途半端な理解で記事に書かれていることをそのまま試してみることはおすすめしません。

ゴルフをはじめたときに、ボールにクラブヘッドがうまく当たらず、「頭を動かすな」といわれた人は多いとおもいます。ボールをうまく打てるようになった後も、「頭を動かさない」ことを意識して、フォームを崩すゴルファーは多いのではないでしょうか。実際には、**ボールを見ていることは必要ですが、凝視している必要はありませんし、頭は動いてもボールはヒットできます。**むしろ、頭を動かさないままでボールを見続けると、バックスイングでからだが傾いてしまったり、フォームが不自然になったりすることもあります。

「頭を動かさない」はひとつの例ですが、その他にもこれと類似した事柄はいくつもありますので、注意しましょう。

## 自分で気づけばスイングはよくなる

ゴルフスイングの正しい理論を理解したとしても、また、どんなに科学的に分析したとしても、自分のからだの動きに取り入れるためには、結局、自分なりの「気づき」が必要です。

自分のからだの動きになったとき、いままで学んできたことが自分の中で再構築されたことになります。インストラクターたちは、教わる側が、自分で気づくためのサポートをしているのです。**自分で気づくことで、スイングは自分のものになって、からだの動きは変わるのです。**

ボールをヒットすることがやっとという初心者や初級者はスイングがよくなればスコアもよくなります。しかし、上級者になるに従って、スイングの要素は小さくなります。スコアをよくするためにはコース状況や、ボールの置かれた状態を理解して、攻め方を決める力、さらにメンタル面が大きな要素となってきます。この説明はスイングのことではないので別の機会に譲ることにします。

# 第2章　ゴルフの科学を知ろう

この章では、ゴルフクラブのヘッドとボールが衝突することを基点にして、ゴルフスイングの科学的原理を説明します。どんなスイング、どんなフォームのゴルファーにとっても必要な知識です。ボールがどのように飛んでいったかを分析すれば、どのようなインパクトが起きたかはよくわかります。そして、そのインパクトはどのようなプロセスで起きたかもわかります。

また、ゴルフはクラブという特殊な道具を使いますが、これらをうまく使いこなすためには、クラブの特性をよく知る必要があります。そして、からだの構造や骨格も知識として必要です。

## 大切なのはフォームだけではない

ラウンドがおわった後のゴルフ場の食堂ではゴルフ談義が花盛りです。「ボールを左足のかかと前に置かないからまっすぐ打てないんだよ」「肩がいつもより回っていなかったね」「もっとフックグリップにしないとスライスはなおらないよ」「アプローチは上から打ち込まなければだめだよ」などなど、ゴルファーはプロのごとく解説しています。しかし、よく会話を聞いていると、「それは違う」とパートナーの意見を否定する人はあまりいません。「ああ、そうかも知れません」、「そのとおりですね」とこたえている人がほとんどです。ビギナーでもない限り、パートナーの意見を全面的に取り入れるゴルファーは少ないでしょう。ある程度のキャリアのあるゴルファーは、いろいろな意見の中で、自分自身がよいとおもったことだけを「次はこうしてみよう、そうすればもっとスコアはよくなる」と次回に試してみるのです。それは、どんなにすばらしい理論であったとしても、ゴルファーは自分の感覚に取り込まないと、自分のからだで実現できないことをよく知っているからです。そして、ゴルファーが考えているのはからだの動き、つまりフォームのことばかりです。

**ゴルフで大切なことは、フォーム以外にもあるのです。それは、ゴルフはボールとクラブヘッドの衝突現象であるという科学的事実です。しかし、ほとんどのゴルファーはフォームは考えてもクラブヘッドとボールのインパクトのことは考えないのです。**

## フォームは多様でもプロに共通するクラブヘッドの動き

プロは多種多様なフォームをしているのにもかかわらず、プロの打ったショットは、みな、一様によいボールです。高さも強さもアベレージゴルファーとは質が違います。

プロのショットは、フォームにかかわらず、**インパクトゾーン、すなわちインパクトの直前から直後までのクラブヘッドの動きは同じです。正しいクラブヘッドの動きと正しいインパクトができればボールは正確に飛んでいくのです。**インパクトゾーンでクラブヘッドのスピードが上がれば飛距離は伸びます。もちろん、それぞれのからだの使い方が合理的かどうかで、力の伝達効率は違ってきます。

これらのことから、正しいインパクトを実現するクラブヘッドの動きはひとつ、フォームは無数ということがいえます。

しかし、それでも、わたしは正確に遠くへ飛ばすための「理想のフォーム」というのはあると考えています。それはからだを合理的に使うことで、止まっているボールを正確に遠くまで飛ばすフォームです。

## なぜナイスショットだったかがわかることが上達の近道

スポーツでは、正しいスムーズなからだの動きをマスターするのには、反復練習が大切なのは常識です。プロになるためのゴルフスイングの習得では、からだに覚え込ませるために、毎日多くのボールを打ちます。その結果、からだが覚えて、意識しなくてもうまく打てるようになるのです。プロは膨大な練習の結果、からだの動きを自分の無意識下に落とし込んでうまくなるのです。

しかし、アベレージゴルファーはそれほど多くの練習時間をとることはできません。もっと効率的にスイングをマスターする方法はないのでしょうか。

効率的にスイングを上達させるのには、**どういうことを意識したら、どういうからだの動きになって、どういうスイングになるのか。そしてその結果、クラブヘッドがどのようにボールに当たって、どういうボールがでるのか。ということを自分自身で理解することが最も大切なことです。**つまり、なぜ、ナイスショットだったかがわかるようになるということです。ミスショットも同様に、ボールの行方を見極めて、どのようにクラブヘッドとボールがインパクトして、そのボールがでたかがわかることが重要なのです。

からだの動きのことですから、ある程度の反復練習は必要ですが、このことを理解するとしないとでは上達のスピードに大きな差が生まれます。

## スタンスの向きだけではボールの行方は決まらない

ゴルファーならば誰でも、ショットを打つときは、セットアップでからだの向き、スタンスの向きに注意します。クラブヘッドのフェイスの向きをターゲットラインに合わせ、両足の位置を決めてスタンスをとります。

しかし、理論的にいえば、**ボールの飛び出す方向と曲がりは、クラブヘッドがとおる軌道とインパクトのフェイスの向きで決まります。** スタンスがクローズドでもスライスがでることもありますし、スタンスがオープンでもフックがでることはあります。ボールをおもうとおりにコントロールするためには、このことを理解することが重要です。

からだの向きやスタンスの向きに注意するのは、これらのポジションがボールの行方を決める間接的な役割を担うことになるからです。からだの向きやスタンスの向きによって、上体の向きも変わり、最終的にクラブヘッドの軌道とフェイスの向きも変わってしまうのです。

## クラブヘッドとボールの衝突ですべては決まる

「ゴルフスイングはクラブヘッドとボールの衝突という物理現象である」と考えることは、極めて本質的で科学的です。

ボールの行方を決めるのはインパクトでどのようにクラブヘッドがボールに当たったかですべてが決まります。インパクトにおける衝突の時間は極めて短く、1万分の5秒、距離にすると20ミリです。

しかし、多くのレッスンでは、フォーム、つまり、からだの動きに重点を置いたままです。

ゴルフの科学的分析は、物理学、力学の分野でかなり進歩しています。からだの動きをコントロールする意識の分野へも研究は広がっています。

例えば、ドライバーで最大飛距離を得るためには、ボールの初速、打ち出し角、スピン量が重要な要素であることがわかってきました。US男子プロのレベルでは、ボールの初速が72m／毎秒のとき、打ち出し角は12度、スピン量は2300回転／毎分前後が最も飛ぶとされています。

ショットの40％を占めるパターでさえ、1ラウンドのヘッドとボールの接触時間をトータルしても4分の1秒といわれています。この短い時間の中で、すべての方向と距離を打ち分けているのです。

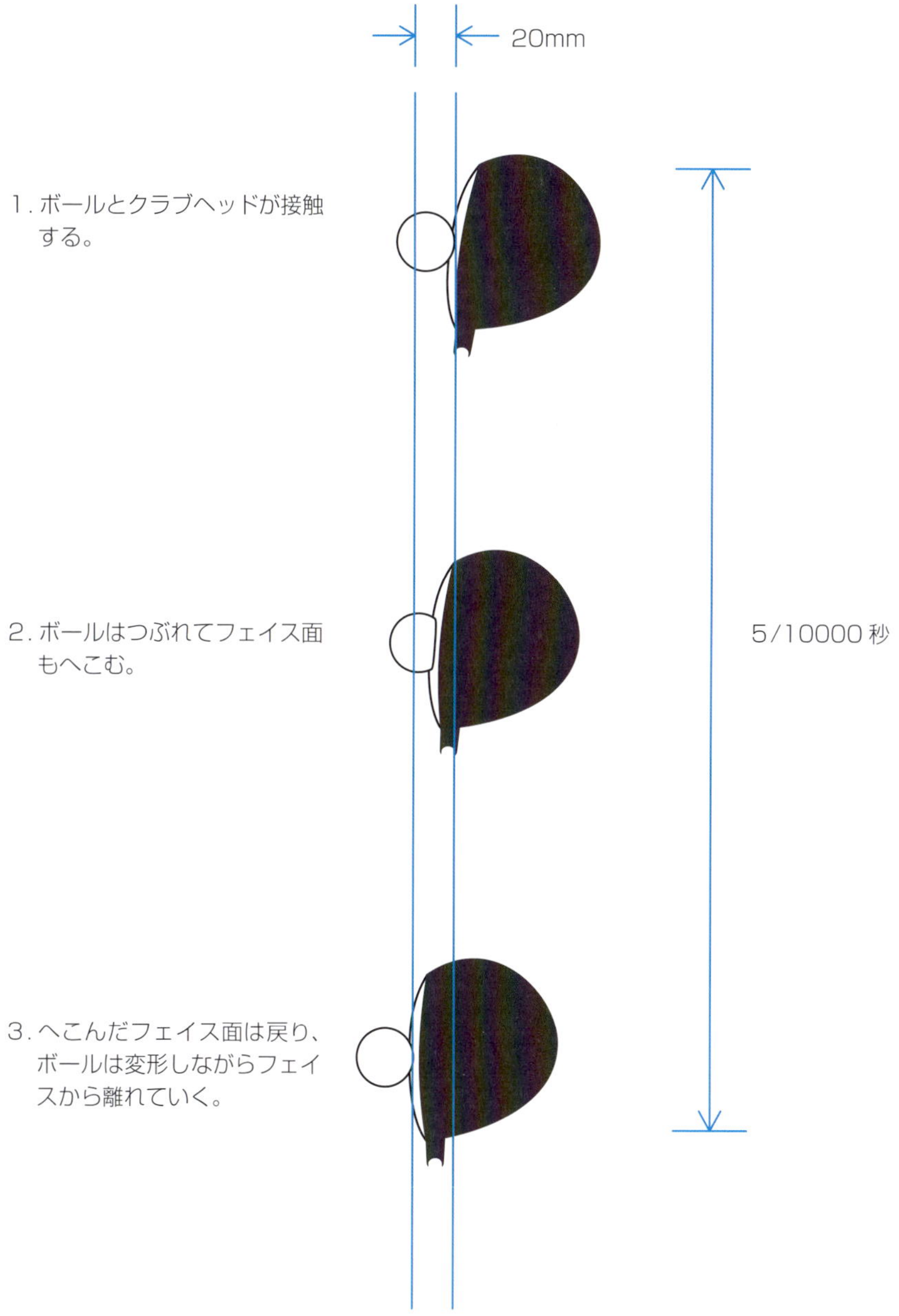
20mm
1. ボールとクラブヘッドが接触する。
2. ボールはつぶれてフェイス面もへこむ。
3. へこんだフェイス面は戻り、ボールは変形しながらフェイスから離れていく。
5/10000 秒

## スイングプレーンの意味

スイングプレーンという概念を最初に提唱したのはベン・ホーガンです。

しかし、現在、ゴルフ雑誌などでこのスイングプレーンが意味するところは、いろいろです。腕の通り道のことであったり、シャフトの通り道であったりするときもあります。

ボールを打つのはクラブヘッドです。本書では、**クラブヘッドの通り道であるクラブヘッドの軌道のことをスイングプレーンと呼びます。**

**スイングにおけるクラブヘッドの動きを軌跡であらわすと、だ円の軌道がガラス板のようなひとつの平面上をとおります。インパクトはこのだ円軌道の上で起こり、その接線上にボールは飛び出します。この接線が、ターゲットとインパクトとを結んだ線と重なれば、ボールは目標のとおり飛び出していくことになります。**

ガラス板をたてかけたようなスイングプレーンの概念。

## ボールがターゲット方向に飛び出す基本スイングプレーン

前項でスイングにおけるクラブヘッドの軌道はだ円軌道になり、ガラス板のようなひとつの平面上をとおることを説明しました。このガラス板の傾きの角度は理論上たくさん存在することになります。ゴルフスイングでは、狙ったところに一定の飛距離でまっすぐなボールを打っていくことが理想ですから、理想のガラス板の傾きの角度はどうなるのでしょうか。スイングプレーンはどの平面をとおればよいのでしょうか。

それは、次のとおりです。

**ボールとからだのわきの下をとおる傾きの角度のガラス板を想定します。そして、この平面上をとおるスイングプレーンが、ターゲット方向に対して、一定の飛距離でまっすぐなボールを最も打ちやすいということができます。本書ではこれを基本スイングプレーンと呼ぶことにします。**

後方から見たダウンスイングの基本スイングプレーン。

## ボールの飛び出す方向はスイングプレーンで決まる

前項で、基本スイングプレーンについて説明しました。

左ページの写真では、基本スイングプレーンがとおるガラス板のかわりに、簡易的に一本の線をからだの後方に置いています。この線は後方から見た、ガラス板の側面をあらわしています。

**ダウンスイングで、この線の上側をクラブヘッドがとおるとき、スイングプレーンのガラス板はアップライトになり、ターゲットの左を向きます。インパクトの接線もターゲットより左を向いて、ボールは左に飛び出します。**

**この線の下側をクラブヘッドがとおるとき、スイングプレーンのガラス板はフラットになり、ターゲットの右を向きます。インパクトの接線もターゲットより右を向いて、ボールは右に飛び出します。**

ダウンスイングで後方から見た基本スイングプレーンの上側をクラブヘッドがとおるとボールは左へ飛び出す。

ダウンスイングで後方から見た基本スイングプレーン上をクラブヘッドがとおるとボールはまっすぐに飛び出す。

ダウンスイングで後方から見た基本スイングプレーンの下側をクラブヘッドがとおるとボールは右へ飛び出す。

## インパクトのクラブヘッドのフェイスの向きがボールの回転を決める

ボールの行方を決めるのは、ひとつはボールが飛び出す方向、もうひとつはボールの回転、ボールのサイドスピンです。これによって、スライスやフックが起きます。

このボールのサイドスピンに関係するのは、インパクトにおけるクラブヘッドのフェイスの向きです。前項でスイングプレーンのインパクトの接線上の方向にボールは飛び出すと説明しました。インパクトでこの接線に対して、クラブヘッドのフェイスが直角に当たれば、サイドスピンはかからないストレートボールになります。

**インパクトのときに、この接線に対してクラブヘッドのフェイスが開いて右を向いていれば、ボールはスライスします。反対にクラブヘッドのフェイスが閉じて左を向いていれば、ボールはフックします。**

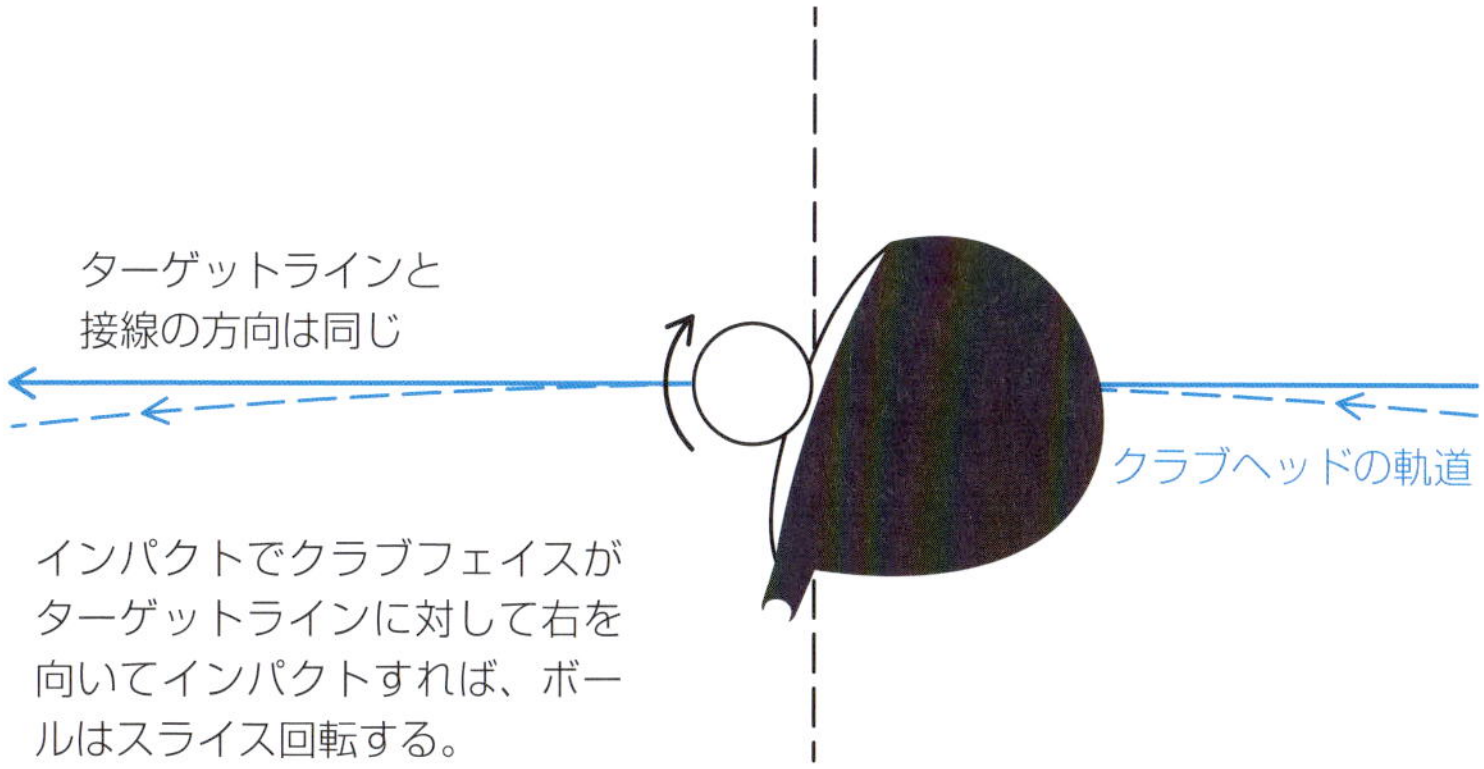


インパクトでクラブフェイスがターゲットラインに対して右を向いてインパクトすれば、ボールはスライス回転する。

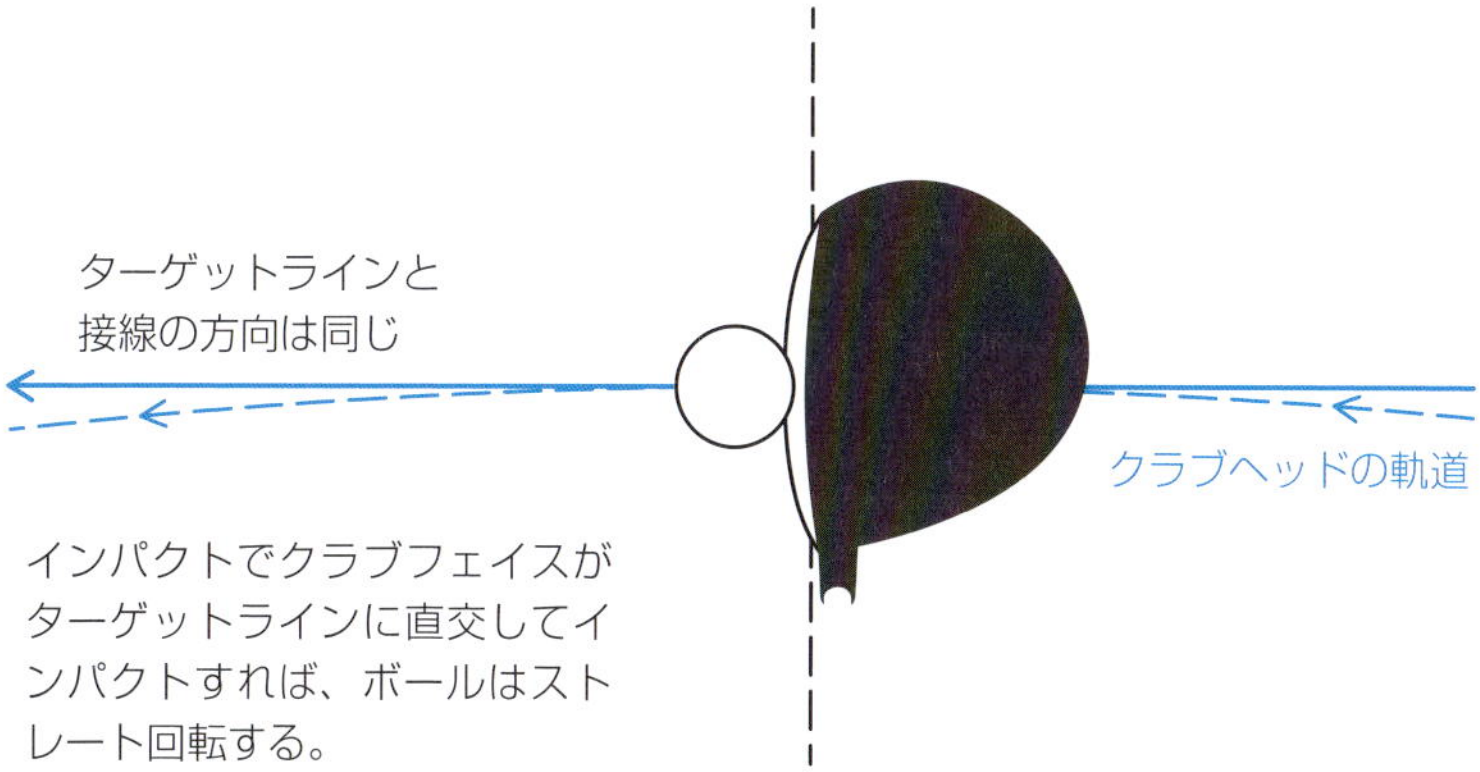


インパクトでクラブフェイスがターゲットラインに直交してインパクトすれば、ボールはストレート回転する。

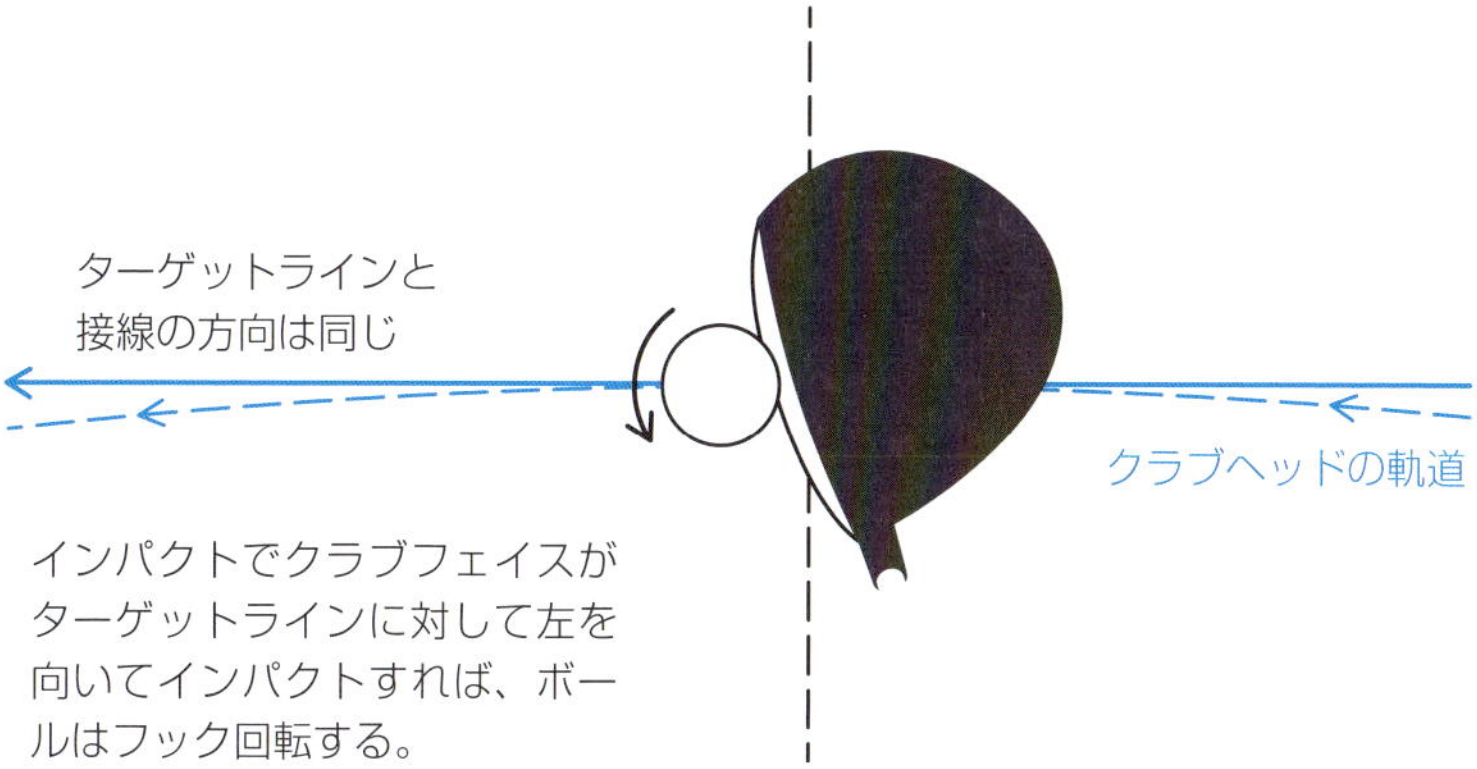


インパクトでクラブフェイスがターゲットラインに対して左を向いてインパクトすれば、ボールはフック回転する。

## ボールの行方をコントロールするメカニズム

前々項と前項で説明したように、**ボールの行方を決める重要な要素は、スイングプレーンとインパクト時のクラブヘッドのフェイスの向きのふたつです。**

このふたつの要素を意図的にコントロールすれば、これらの要素によって、ボールの飛び出し方向と曲がる方向はコントロールすることが可能です。

実際にはこれらのことが組み合わされてフックボールやスライスボールが出現することになります。

## 左へ飛び出して右へ曲がるスライス

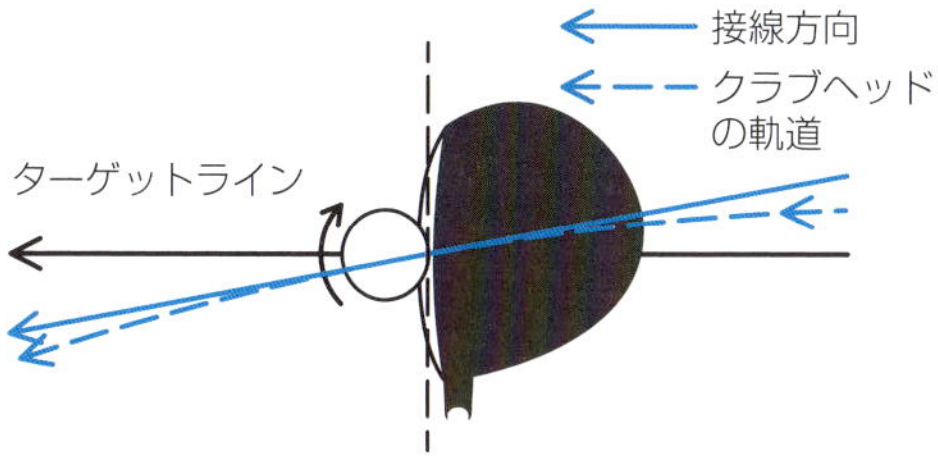

ダウンスイングで後方から見た基本スイングプレーンの上側をクラブヘッドがとおり、接線方向に対してクラブフェイスが右を向いてインパクトをすると、左へ飛び出してスライスするボール。

## まっすぐ飛び出すストレート

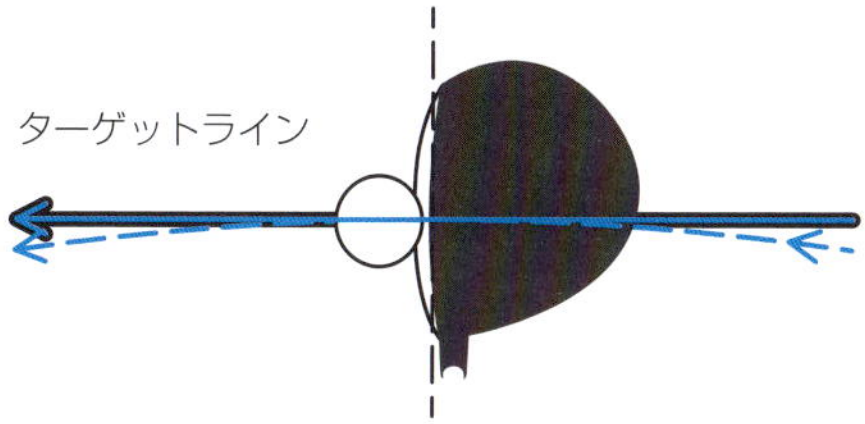

ダウンスイングで後方から見た基本スイングプレーン上をクラブヘッドがとおり、接線方向に対してクラブフェイスがターゲットラインに直交してインパクトすると、まっすぐ飛び出してストレートボール。

## 右へ飛び出して左へ曲がるフック

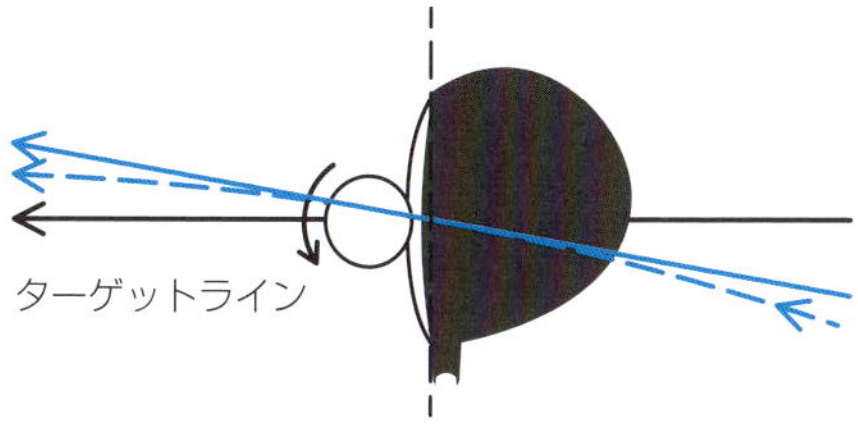

ダウンスイングで後方から見た基本スイングプレーンの下側をクラブヘッドがとおり、接線方向に対してクラブフェイスが左を向いてインパクトすると右へ飛び出してフックするボール。

## 高いボールと低いボールのメカニズム

プロは高いボール、低いボールを打ち分けます。強風のアゲンストの風では低いボール、距離を出したいフォローの風のティーショットでは高いボールを打つこともあります。

**インパクトのときのクラブフェイスの角度が通常より少し上を向き、角度が大きくなって当たれば高いボールがでます。反対にクラブフェイスの角度が通常より少し下を向き、角度が小さくなって当たれば低いボールがでます。**

この角度がインパクトのときにどのように当たっているかによってボールの高さは変わってくるのです。同じクラブを使っても人によって弾道が違うことがあるのはこのためです。

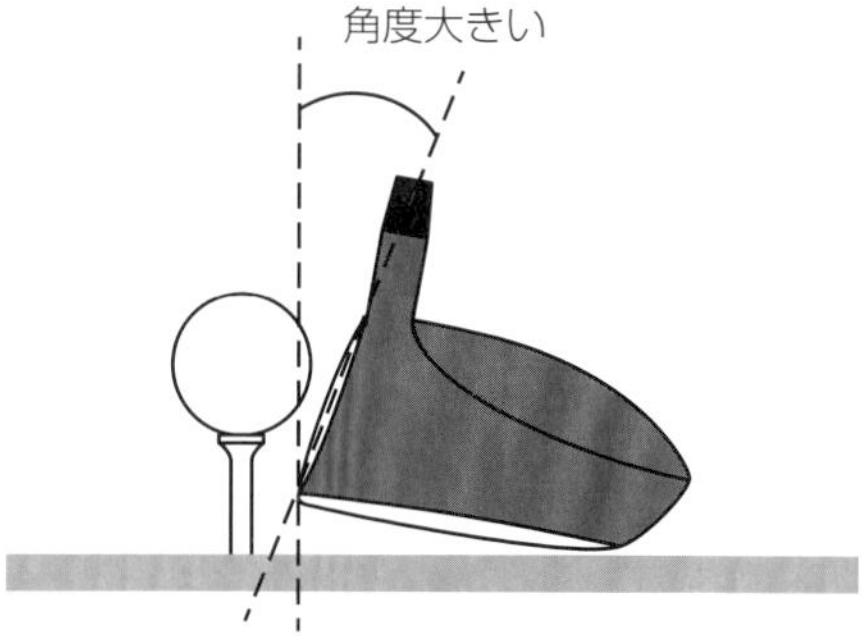


クラブフェイスが上方向を向いてインパクトすると高いボールになる。

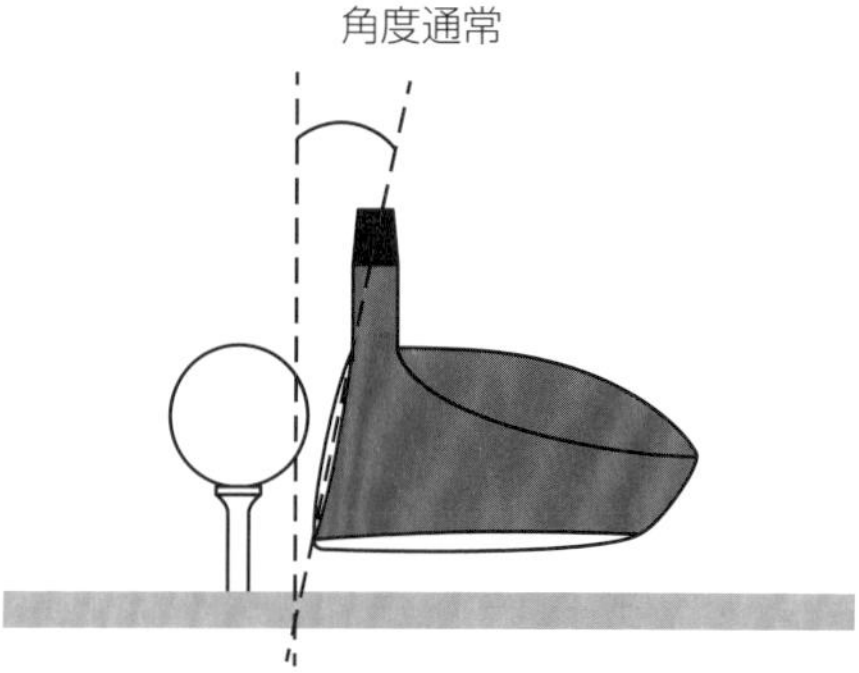


クラブフェイスが通常の角度でインパクトすると通常の高さのボールになる。

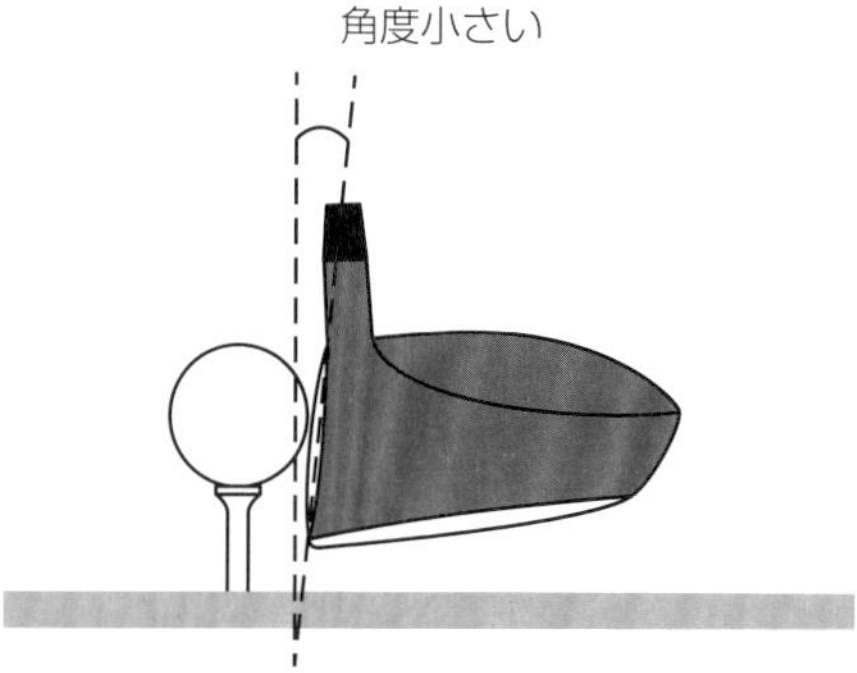


クラブフェイスが下方向を向いてロフトが小さくなってインパクトすると低いボールになる。

## 開いていたクラブヘッドのフェイスはインパクトへ向けて閉じられる

インパクトゾーンでは、開いていたクラブヘッドのフェイスは、閉じられながらインパクトを迎えます。クラブフェイスがボールとコンタクトした後、ボールは大きくつぶれ、クラブフェイスもたわみます。その後、ボールはもとに戻りながらクラブヘッドから離れ、クラブフェイスは閉じていきます。このように、インパクトは瞬間ではなく、ある程度の時間を持っています。

また、**ドライバーはボールをティーアップしていますので、クラブヘッドは最下点からアッパー軌道でインパクトします。アイアンのクラブヘッドはダウンブローの軌道でインパクトします。**

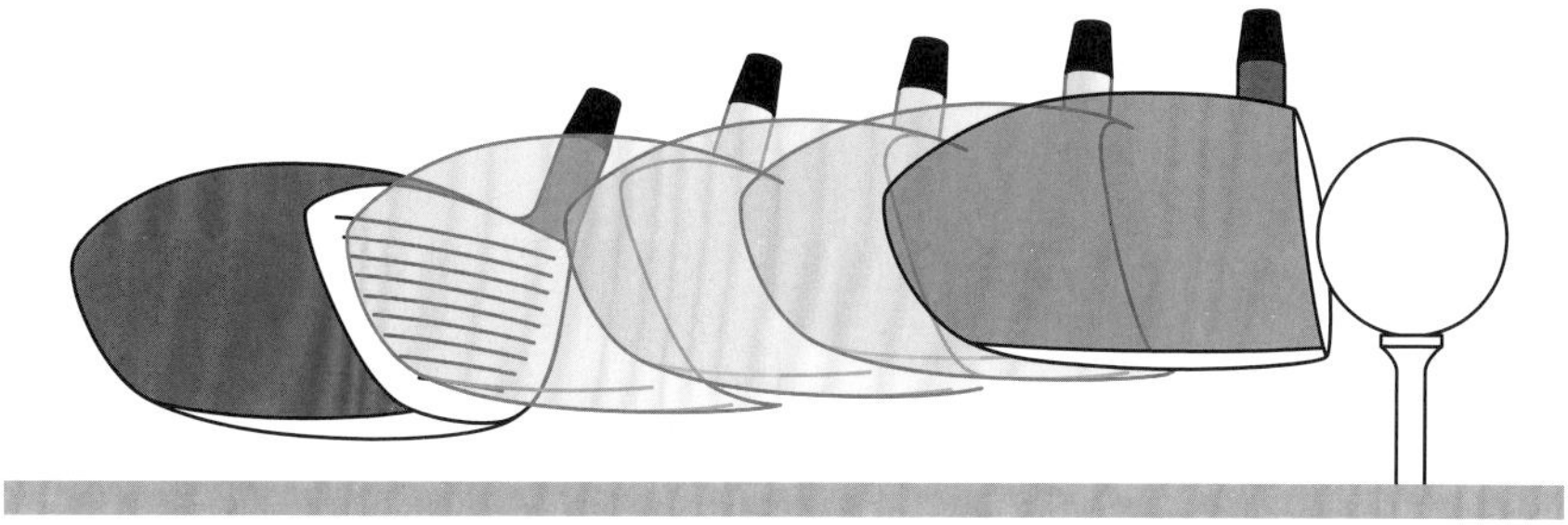

フェイスはインパクトへ向けて閉じられながら、ドライバーはアッパー軌道でインパクトする。

# ボールとからだの位置関係の基準点は「首のつけ根の後ろ側」

**ボールの位置とからだとの関係の基準点は「首のつけ根の後ろ側」**、第7頸椎と飛ばれるところです。この部位はスイングの軸となる背骨の先端に位置し、スイングプレーンの中心になるところです。この首のつけ根の後ろ側とボールの距離を一定に保ったままであれば、クラブヘッドはボールを正確にヒットできます。

往年の名ゴルファー、中村寅吉プロや樋口久子プロはバックスイングで頭が右に動くフォームで、変則といわれましたが、彼らのフォームをよく見てみると「首のつけ根の後ろ側」は動いていません。ボール位置から「首のつけ根の後ろ側」までの距離はスイング中、ほぼ一定であり、一定になるようなフォームであれば安定的にボールを打てるということです。

首のつけ根の後ろ側とボールとの距離は変わらない。

## 慣性力を理解しよう

**慣性力とは、止まっているものは止まり続け、等速度で動いているものは等速度で動き続けようとする性質のこと**です。慣性力は物体が質量を持つためにあらわれる見かけの力です。

日常生活で慣性力を最も感じるのは、クルマにのっていて、突然急ブレーキをかけたときです。座席に座っていれば、すごい勢いで前へ飛び出そうとする力が働きます。この力をよく理解していたほうがゴルフスイングはやさしくなります。

アドレスで静止しているクラブがテイクバックで動き出すとき、一定の力が必要ですが、あるポジションまでクラブヘッドを動かせば、あとは勝手に動いていきます。クラブヘッドは途中で止めようとしてもかんたんには止まりません。正しいトップの位置にクラブヘッドがおさまるためには、この慣性力を利用するのです。よくアベレージゴルファーが陥るオーバースイングのトップは、この慣性力を知らないことから起きることが多いのです。

もうひとつはフォロースルーです。クラブヘッドの慣性力に引っ張られていけば自然に大きなアークをクラブヘッドは描きます。慣性力に逆らって、手でクラブを動かそうとすると、かえってクラブヘッドが描くスイングのアークは小さくなってしまい、ヘッドスピードはでなくなってしまいます。

急発進

急停止

## クラブの構造を知ろう　―　シャフトのしなりと戻り

ゴルフクラブのシャフトはスチールかカーボンでできています。**スチールの硬いシャフトでもゴルファーがおもっているよりはるかにしなります。**スイングの連続写真でも、しなっているシャフトが見えているものはほとんどありません。しかし、ダウンスイングの初動でシャフトのしなりは、トップオブスイングで大きくしなります。そして、インパクトへ向けて、グリップエンドが先行すると、シャフトは再びしなり、インパクトでシャフトは戻って、クラブヘッドはボールと衝突するのです。インパクトのときのシャフトのしなりは左の写真の点線のようになっています。

大切なのはシャフトがしなっていることを理解することです。もちろんシャフトのしなりを強く感じてヒットするプロもいれば、そうでないプロもいます。知ることと意識してスイングすることは別です。意識してようがしまいが、飛ばし屋といわれる人たちは、例外なくシャフトのしなりを利用して距離を出しています。

実際は点線のようにシャフトはしなって戻る。

## クラブの構造を知ろう　―　ドライバーの構造

ドライバーのフェイス面を上から見ると、直線ではなく曲線になっていて、少しふくらみがあります。これをバルジといいます。この特性によって、ドライバーはヘッドの先端（トウ側）にボールが当たると、右に飛び出してもボールに左回転を与えてセンターにボールが戻るという効果があります。ヘッドのシャフト側（ヒール側）にボールが当たれば、ボールは左に飛び出しても、ボールは右回転して真ん中に戻ってくるという効果があります。これをギア効果といいます。クラブヘッドとボールにギザギザの歯車があると考えるとわかりやすいとおもいます。

ドライバーのフェイス面はクラブによって角度がついています。これをフェイス角といいます。ライ角は地面とシャフトの軸線のつくる角度です。これらのフェイス角、ライ角が大きければフェイスは左を向きやすく、ボールがつかまりやすくスライスしにくいクラブです。

慣性モーメントという数字がよく使われますが、これはスイートスポットをはずしたときのヘッドの回転のしにくさをあらわしています。この数値が大きければミスショットでもヘッドのブレが少なくなり、飛距離と方向性の低下の少ないクラブです。

ロフト角はシャフトの軸線とフェイス面との角度のことです。ロフト角はメーカーの公称値と実測は異なることがありますので注意が必要です。

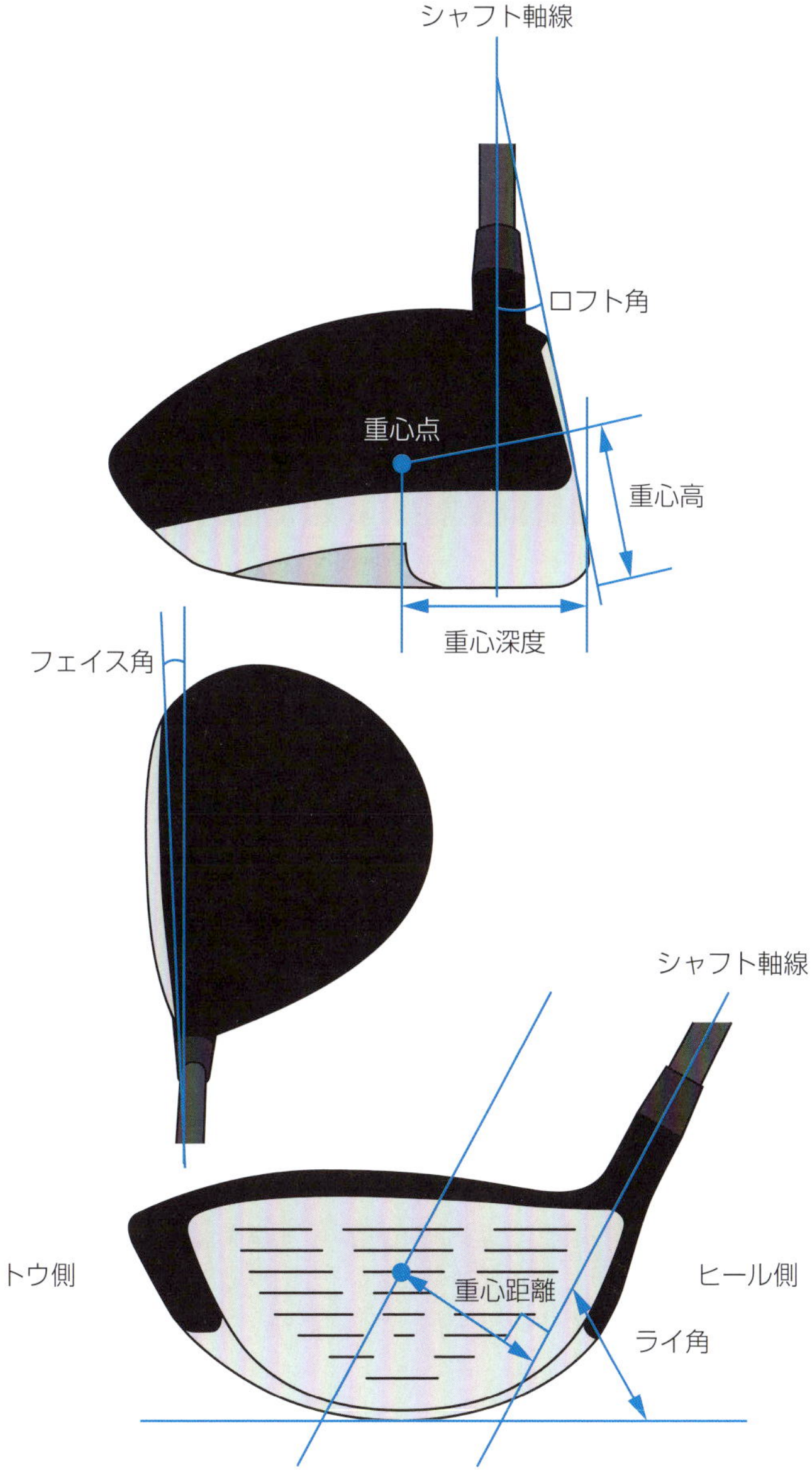
シャフト軸線
ロフト角
重心点
重心高
重心深度
フェイス角
シャフト軸線
トウ側
重心距離
ヒール側
ライ角

## クラブの構造を知ろう　―　アイアンの構造

ドライバーの項目でロフト角について説明しましたが、アイアンもドライバーと同じで、同一メーカーでもアイアンセットによってロフト角が異なることがあります。プロが使う軟鉄製のアイアンでは、５番でロフト角は27度から28度ですが、飛距離重視型のアベレージゴルファー向けのステンレス製アイアンでは24度、中級者向けでは26度程度になっています。

アイアンは番手によって、ロフト角とシャフトの長さが異なることで、距離に違いがでるのです。

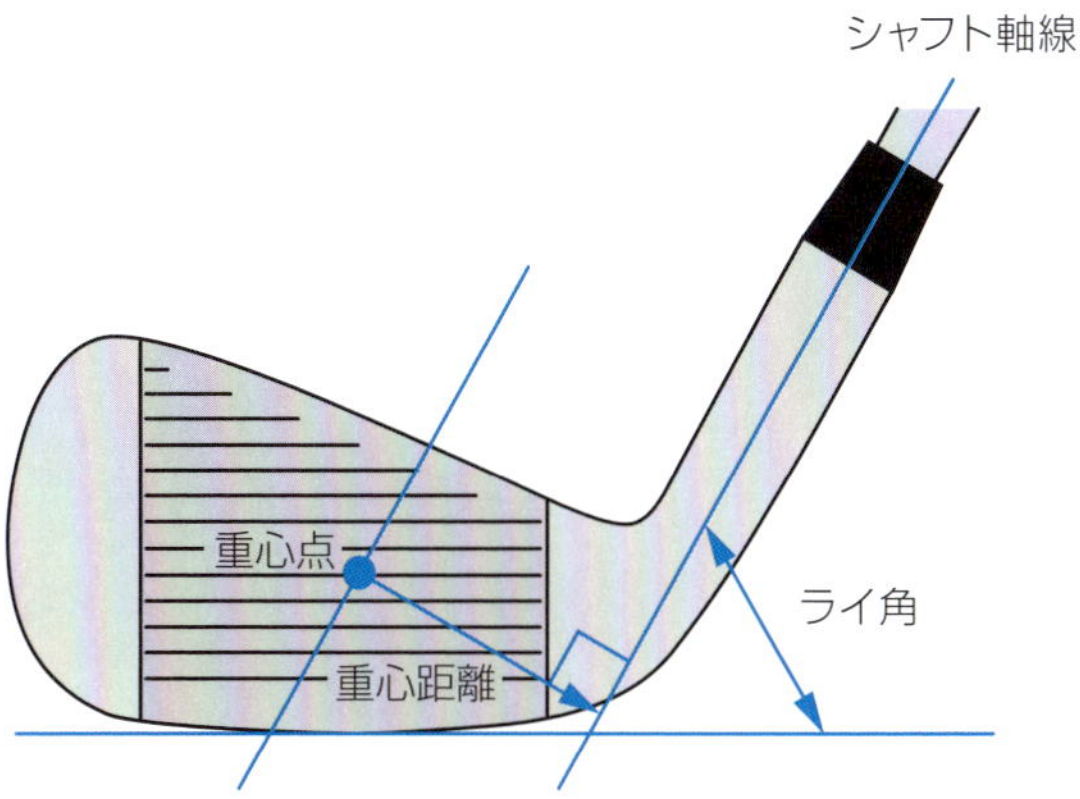
シャフト軸線
重心点
ライ角
重心距離

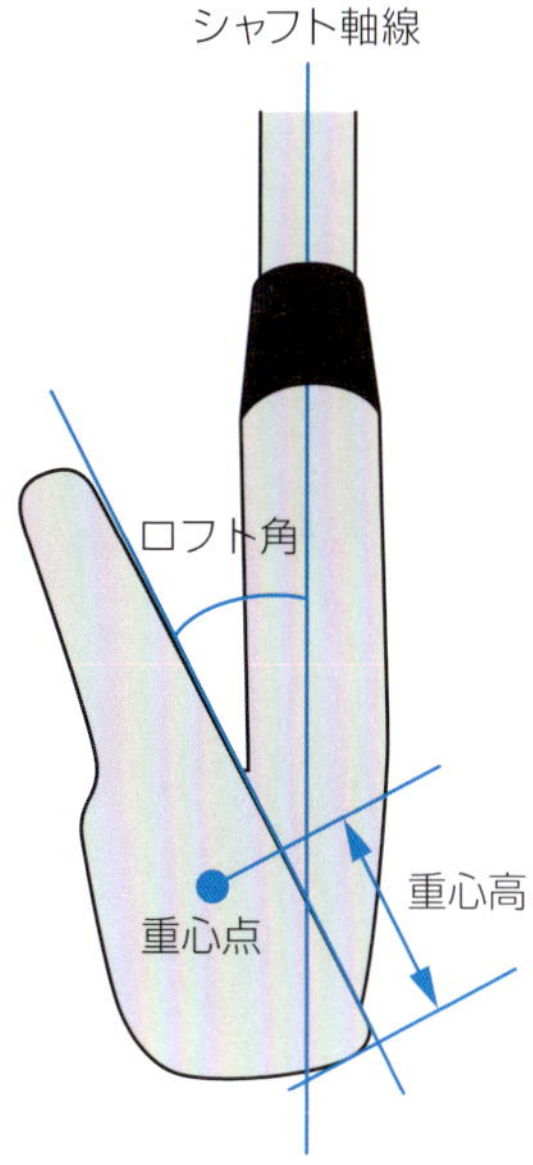
シャフト軸線
ロフト角
重心高
重心点

## クラブの構造を知ろう　―　ウェッジの構造

ウェッジはアイアンの中でも特殊なクラブです。ウェッジのクラブの構造について、よく知る必要があります。ロフト角が45度以上あるクラブをウェッジと呼びますが、ウェッジは他のアイアンクラブより大きなバンス角がついていて、バンス角が大きいほど、通常にセットアップすれば、リーディングエッジは地面から大きく離れます。**ウェッジではボールとクラブヘッドが最初にコンタクトするのはリーディングエッジであって、フェイス面ではありません。**

ウェッジでは、リーディングエッジに当たったボールがクラブのフェイス面を駆け上がっていって、ボールが離れていきます。

ウェッジのショットでバンスを確認しましょう。ボールを練習場のマットやカーペットなどに置いて、30センチぐらい手前から、クラブのソールを、地面を滑らせてボールをヒットしてみてください。ボールはきれいに上がります。これはバンスがあるために起こる現象です。このことをよく知らないとうまくウェッジは使えません。

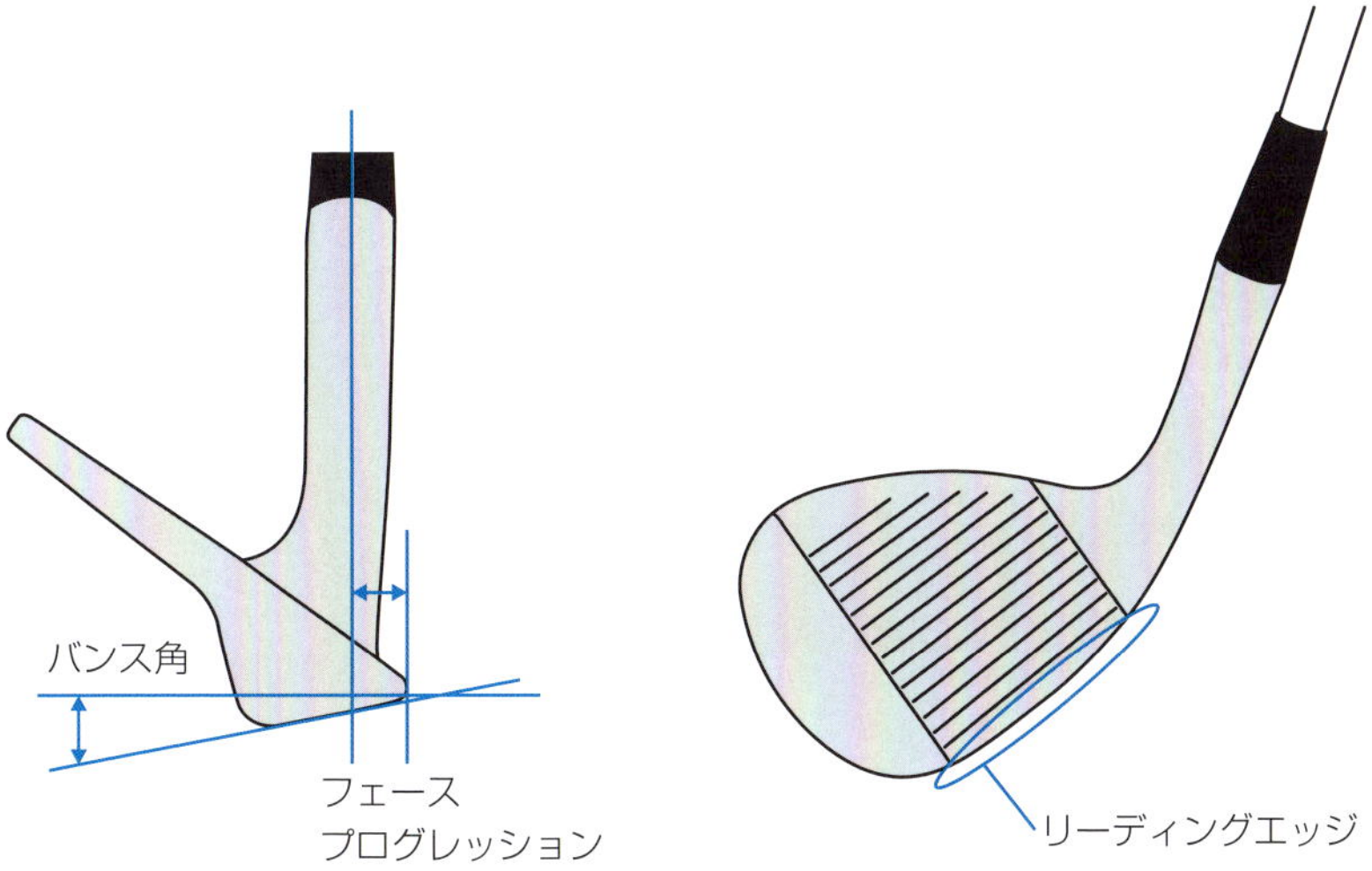


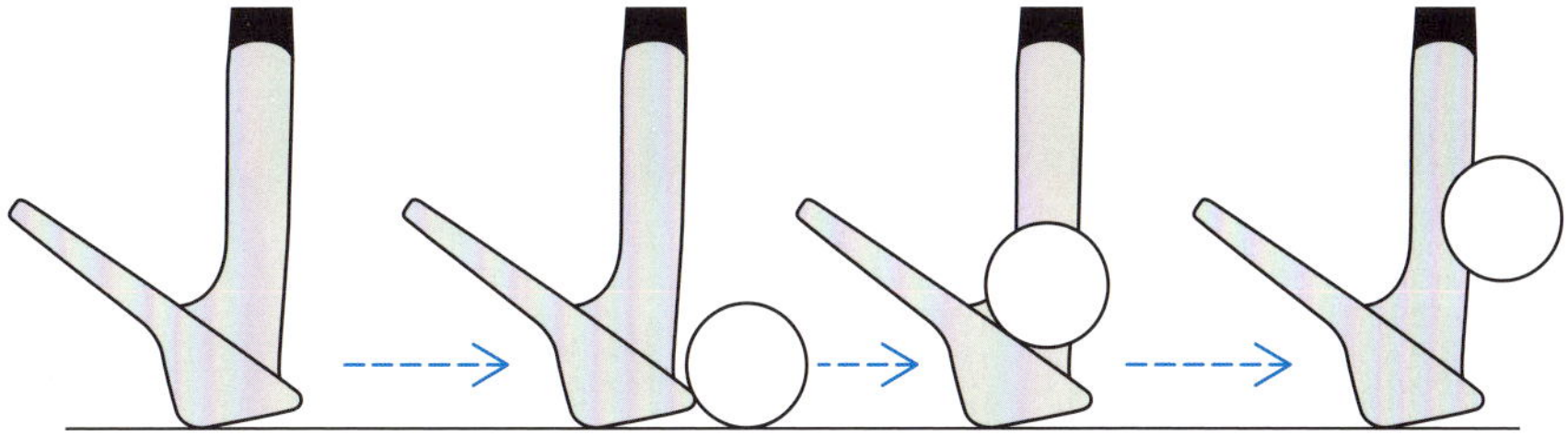

ソールが地面を滑り、リーディングエッジとボールが接触すると、ボールはフェイス面を駆け上がる。

## からだの構造を知ろう ― 肩の構造

肩は肩甲骨と鎖骨でなりたっています。肩甲骨は一方で鎖骨とつながり、一方は腕の骨とつながっています。それぞれ球状の関節で、肩甲骨は胴体とは直接つながっていないため、自由に動くのです。そして、肩甲骨を主に支えているのは筋肉です。

準備運動をするように、肩を前から上、後ろへとぐるぐると「肩を回す」ならば、肩は左右別々にしかもかなり自由に回転することができます。

ゴルフスイングのテイクバックでいう「肩を回す」はこの動きとは違います。前傾している背骨を軸に、両方の肩と上体がいっしょになって、右側に回していく動きのことを肩を回すといっています。

上体を正面に向けたまま、上体を回さないで左肩だけを水平に回してみてください。左肩はそれほど多く回りません。**肩の回転だけに注目すると、せいぜい20度程度しか左肩は回らないのです。**これは誰でも同じです。

実際のバックスイングでは、後で説明するように、この左肩の動きに加えて上体と両肩が一体化して右側に回転していきます。

アベレージゴルファーのバックスイングでは、上体を右へ回転することを忘れ、腕を使ってクラブヘッドを上げてしまうことが起こりがちです。

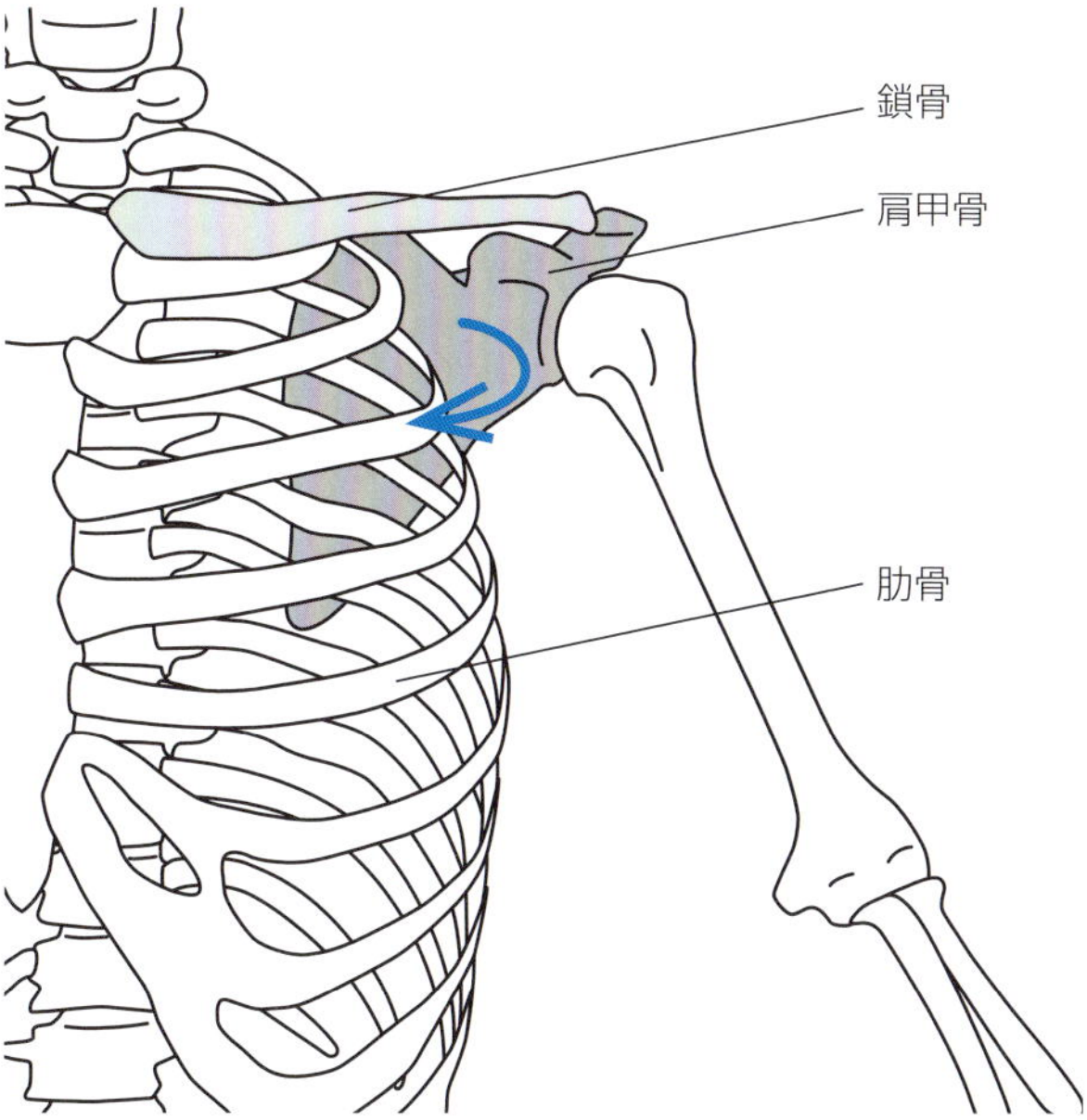


左肩甲骨は肋骨に沿って前側に回転するが、その角度は 20 度程度まで。

## からだの構造を知ろう　―　骨盤・股関節の構造

骨盤は腰全体の骨のことで、いくつかの骨が強固に一体化したものです。「スポーツでは足腰が大切」とよくいわれますが、その腰の根幹をなすのが骨盤です。骨盤の両側には大腿骨がつながっています。このつなぎの関節部分を股関節といいます。股関節は肩関節と同じく球状の関節で自由度は高いのですが、関節のまわりを囲む靭帯が強いため、肩関節ほど自由には動きません。

**骨盤は背骨につながり、これと連動して動きます。骨盤が動けば体重はシフトし、上体はその動きに伴って動きます。**

骨盤・股関節はバックスイングでもダウンスイングでも重要ですが、レッスンで「骨盤が・・・」。「股関節が・・・」と説明しても、構造がわからないとうまく通じません。左ページのイラストを見て、よく理解してください。

**なお、本書では骨盤から上の部分を「上体」と呼ぶことにします。**

## 背中側から見た骨盤・股関節

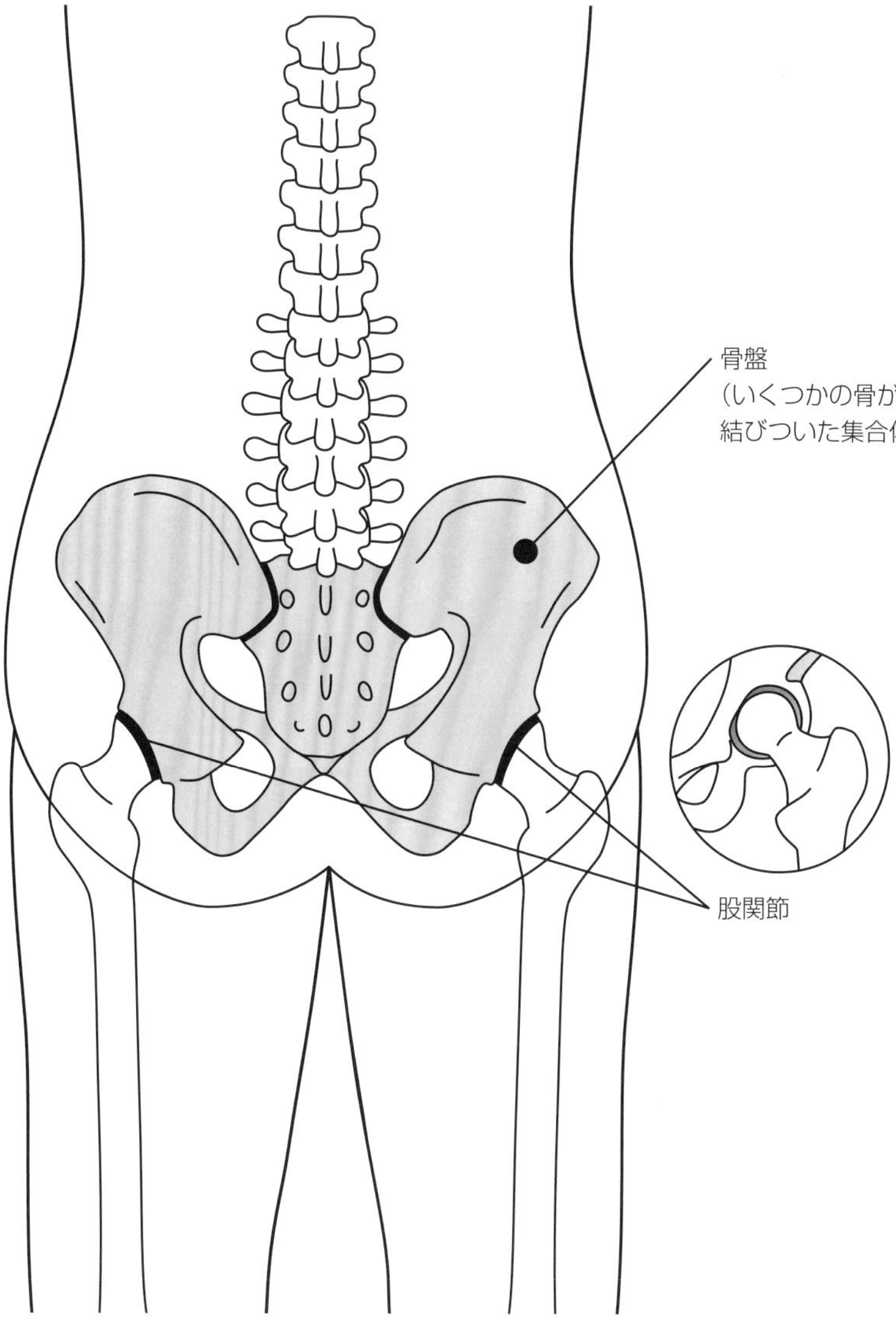

# 第3章　スマートスイングの基本

この章ではスマートゴルフのスイング理論に基づくスマートスイングの基本について説明します。ゴルフのスイング理論はいくつもありますが、それぞれ各パートの組み合わせで完成されています。従って、各スイング理論の「いいとこどり」はスイングを狂わせることにもなりかねません。

スイングの基本的考え方をよく理解した上で、そのスイング理論を取り入れることこそ、上達の近道です。また、スイングはワンピースで短時間に完了するものなので、あまり細かく分けて説明しても複雑になるだけです。できるだけスイングをシンプルに考えることが重要です。

## ★スマートスイングの考え方

ここではスマートスイングをマスターする上で、必要になる基本的考え方とスイング全体をとおして共通することについて説明します。

## アームスイングかボディスイングかを意識して選択しよう

ゴルフを知らない人がはじめてボールを打つとき、ほとんどの人は腕を振り上げて打ちます。腕を使うことは自然なからだの動きです。しかし、腕や手は器用に使えると同時に、スイングの間に勝手に動いてしまうこともあります。

腕と手を積極的に意識して使うのをアームスイング、からだを積極的に意識して使うのをボディスイング（ボディターンも同じ意味です）と定義すると、どちらを選択するかは、スイングを教わる生徒さんにとって重要だと考えています。

なぜならば、腕を積極的に意識して使うか、腕や手をほとんど意識しないでスイングするかで、からだの動きをコントロールする「ことば」は大きく異なるからです。また、結果としてつくられるスイングも異なってきます。

アームスイングの人は、フォームの説明をするときに、腕や手の動きのことを中心に説明します。ボディスイングの人は、腰の動きやからだの捻転のことなどを中心に説明します。腕や手の動きは意識しないで、からだの動きを意識することに集中し、実際にボールを打つ腕と手がよけいな動きをしないようにコントロールしようとします。

「自分は腕や手を意識したほうがうまくいく」という人は、アームスイングによるスイングの習得、「腰や上体の捻転などのからだの動きを意識したほうがうまくいく」という人はボディスイングの習得が適しているといえます。注意が必要なのは、このふたつを混在して教わってしまうとスイングが混乱する恐れがあることです。

ティーチングプロでもこのことを認識している人はほとんどいません。自分がアームスイングなので、「からだの回転など必要ない」と言い切ってしまうプロもいます。一方で「絶対に腕や手を使ってはいけない」というボディスイングのプロもいます。自分が獲得した体験こそが正しく、他は正しくないという考え方に陥りがちですが、そうではなくて、よいスイングを獲得するための意識や方法が異なるということなのです。このことはよくよく注意すべきです。

形成されるスイングの一般的な違いは、腕や手の動き主導でスイングするアームスイングは、からだへの負担を少なくすることができますが、からだを使わない分、大きな飛距離は難しくなります。ボディスイングでは、からだ全体の動きでダイナミックなスイングになり、飛距離も正確性も望めます。女性でもシニアでも習得は可能ですが標準的な体力は必要です。

わたしはアームスイングからボディスイングへ改造してきた経験から、正確で飛距離を出したいショットを望むのならばボディスイングを習得するべきだと考えます。特にバックティーからパープレーをめざすアスリートゴルファーであればなおさらです。

『モダン・ゴルフ』の著者で、近代ゴルフの原点といわれ、いまでも多くのトーナメントプロが崇拝するベン・ホーガン。彼のスイングはボディスイングの原点です。

**本書の説明は、このボディスイングの習得を説明しています。器用に使える腕や手を積極的に使わず、からだを使うことでオートマチックにスイングし、再現性を高め、正確で大きな飛距離を獲得するのが本書の目標とするところです。**

## 背骨を軸にしてからだの回転パワーを使い、体重移動は少しだけ

スマートスイングでは回転運動を積極的に使います。

**回転の軸は背骨です。この軸を中心に上体(骨盤から上の部分)を回していくことでボールにパワーを伝えます。回転する支えは脚です。特に太ももは重要です。下半身を安定させておいて、回転のパワーをアップします。**回転力が主体ですから、バックスイングでの右への体重移動、フォワードスイングでの右から左への体重移動は少しだけです。**バックスイングでは右股関節内側まで、フォワードスイングでは左股関節内側までの間の体重移動です。**

トップからフォロースルーまで、体重移動は両方の股関節内側の範囲。

## 上腕はいつも上体と一体化して動く

からだの回転をクラブヘッドからボールへ効率よく伝えるためには、上腕が上体から離れてしまわないことが大切です。

**テイクバック、ダウンスイング、インパクト、そしてフォロースルーと上腕は上体と一体化して動いていきます。腕だけが動くことはありません。スイングのどの局面であっても、胸の前から見たとき、両方の上腕は上体の巾の中におさまっています。**

ただし、ひじから上の上腕の全部が胸側に密着しているわけではありません。背中側は離れていますし、トップではひじに近い上腕部分は胸から離れます。上体から上腕が完全に離れてしまうことはないということです。

テイクバックからフォロースルーまで上腕は上体の巾からはみださない。

## からだの回転パワーはおなかと肩の回転差でつくりだす

**スマートスイングのパワーの源は、おなか部分と肩の部分との回転差を埋める動きです。**

上体（股関節から上の部分）は、背骨を回転軸として肩の部分とおなか部分が回転します。脚部はしっかりと上体を支えます。肩とおなかの回転差をトップでつくり、インパクト直前まではこの回転差を保ち、インパクトからフォロースルーにかけては、この回転差を一気に埋める動きでパワーを生み出します。この動きに連動し、腕と手が支えるクラブヘッドは加速して、強いパワーをボールに伝達するのです。

次のページのイラストは、上から見たこの動きを簡易的にあらわしたものです。なお、**本書では、おなかのラインとは両側の股関節を結んだライン、肩のラインとは、両側の肩の先端を結んだラインのことをいうことにします。**

テイクバックでは肩とおなかはいっしょに右回転します。トップオブスイングではアドレスから、おなかのラインは45度、肩のラインは90度回転し、おなかのラインと肩のラインは45度の回転角度の差になります。この回転角度の差を保ったまま、ダウンスイングでおなかと肩は左回転をして、インパクトを迎えます。インパクトでは、おなかのラインはアドレス時より左側45度の角度まで左回転し、肩のラインはターゲット方向と平行なラインまで左回転します。トップからは肩のラインもおなかのラインも、その回転差を保ったまま、90度左回転したことになります。フォロースルーでは、おなかは左側に回転し続けますが、肩はおなかに一気に追いついて、肩のラインとおなかのラインの回転角度の差は0になります。この動きこそがパワーの源なのです。

## 上から見たからだの回転

肩の部分
おなかの部分

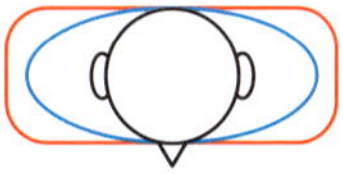

**アドレス**
肩とおなかの回転差は0。

ターゲット方向

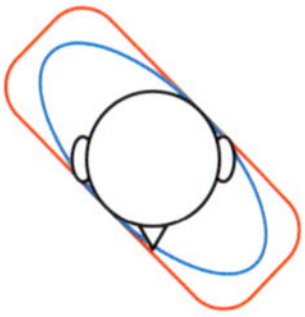

**テイクバック**
肩とおなかは右回転する。肩とおなかの回転差は0。

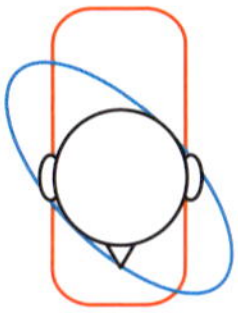

**トップオブスイング**
アドレスから肩は 90 度、おなかは 45 度右回転する。
肩とおなかの回転差は 45 度。

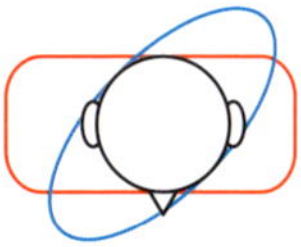

**インパクト**
インパクト直前では、肩もおなかもトップから 90 度左回転。肩とおなかの回転差はトップと同じ 45 度。
肩はターゲットと平行なラインになる。

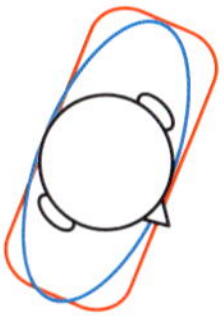

**フォロースルー**
おなかは左回転を続けるが、肩は急激に左回転しておなかに追いつく。回転差は0。

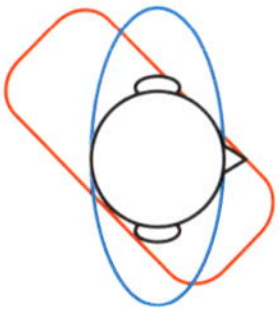

**フィニッシュ**
肩もおなかも左回転を続ける。おへそはターゲットと平行なラインへ向く。肩の左回転はおなかを追い越す。

## 肩はどのように回るのかを知っておこう

ゴルフスイングでは、「肩が回ることが重要だ」とよくいわれますが、スマートスイングでもそれは同じです。では、肩はどのように回るのでしょうか。

左のイラストと写真は、肩が回るということを詳しく説明したものです。

アドレスでは、グリップがからだの左側に寄りますので、当然、右肩は左肩より下がった位置になります。テイクバックの初動では肩は上体と一体化して回転していきますが、その後トップへかけて左肩だけがさらに右側へ回転します。これは前章で説明したとおり、肩甲骨は水平方向には20度程度しか回りません。回るときに左肩は上方へ動き、トップでは左肩と右肩は地面と平行に近くなります。そして、ダウンスイングからインパクト、フォロースルーにかけて、左肩の右回転を保ったまま、上体ごと左へ回転していきます。フィニッシュでは上体が起こされながら、再び両肩のラインはほぼ地面と平行になります。

## 正面から見た肩の回転

- - - - - 肩のライン

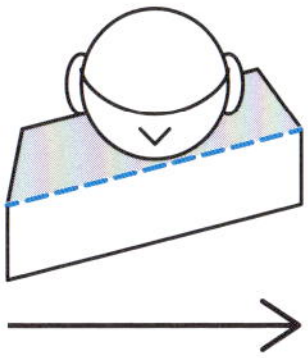


**アドレス**
肩のラインは左肩より右肩が下がる。
上から見るとターゲットラインと平行。

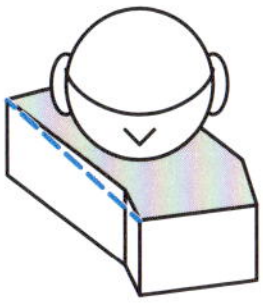

**テイクバック**
左肩は右回転し、肩のラインは右へ回転していく。

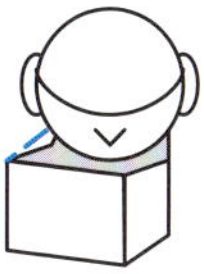

**トップオブスイング**
左肩は右回転しながら上方へ動き、肩のラインは右へ 90 度回転して地面と平行に近くなる。

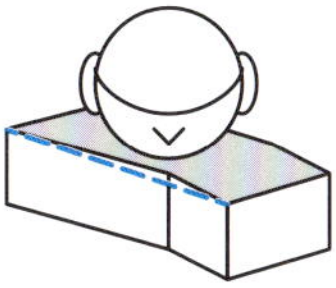

**ダウンスイング**
左肩の右回転を保ったまま肩のラインは左へ回転する。

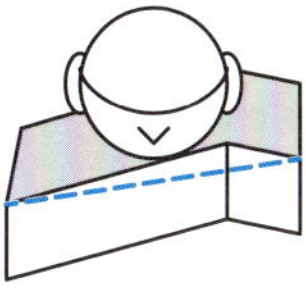

**インパクト**
インパクト直前では、肩のラインは上から見るとターゲットラインと平行になる。

**フォロースルー**
肩のラインはさらに左へ回転する。

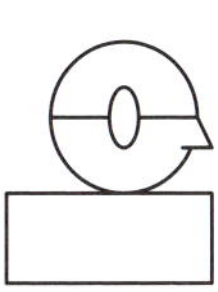

**フィニッシュ**
上体が起こされながら、肩のラインはさらに左へ回転して地面とほぼ平行になる。

## 左腕とシャフトがつくる角度、右手首の角度を一定に保つ

左腕とシャフトがつくる角度をスイングのはじめからおわりまでキープすることは、とても重要です。この角度を一定に保つことによって、クラブヘッドの上下動は抑えられて、安定したインパクトが実現できるのです。また、左腕とシャフトがつくる角度があることによって、からだの小さい動きでクラブヘッドは大きく動きます。

また、トップからフォローにかけては、右手首の角度も一定です。**特にインパクト前に右手首が伸びてしまうとインパクトが安定しません。**クラブを持たないで、右手の動きをチェックしてみましょう。両手でやってみるとこのことはわかりにくいのですが、右手だけでこの動きをチェックすると、右手首の角度が変わらないことがよくわかります。

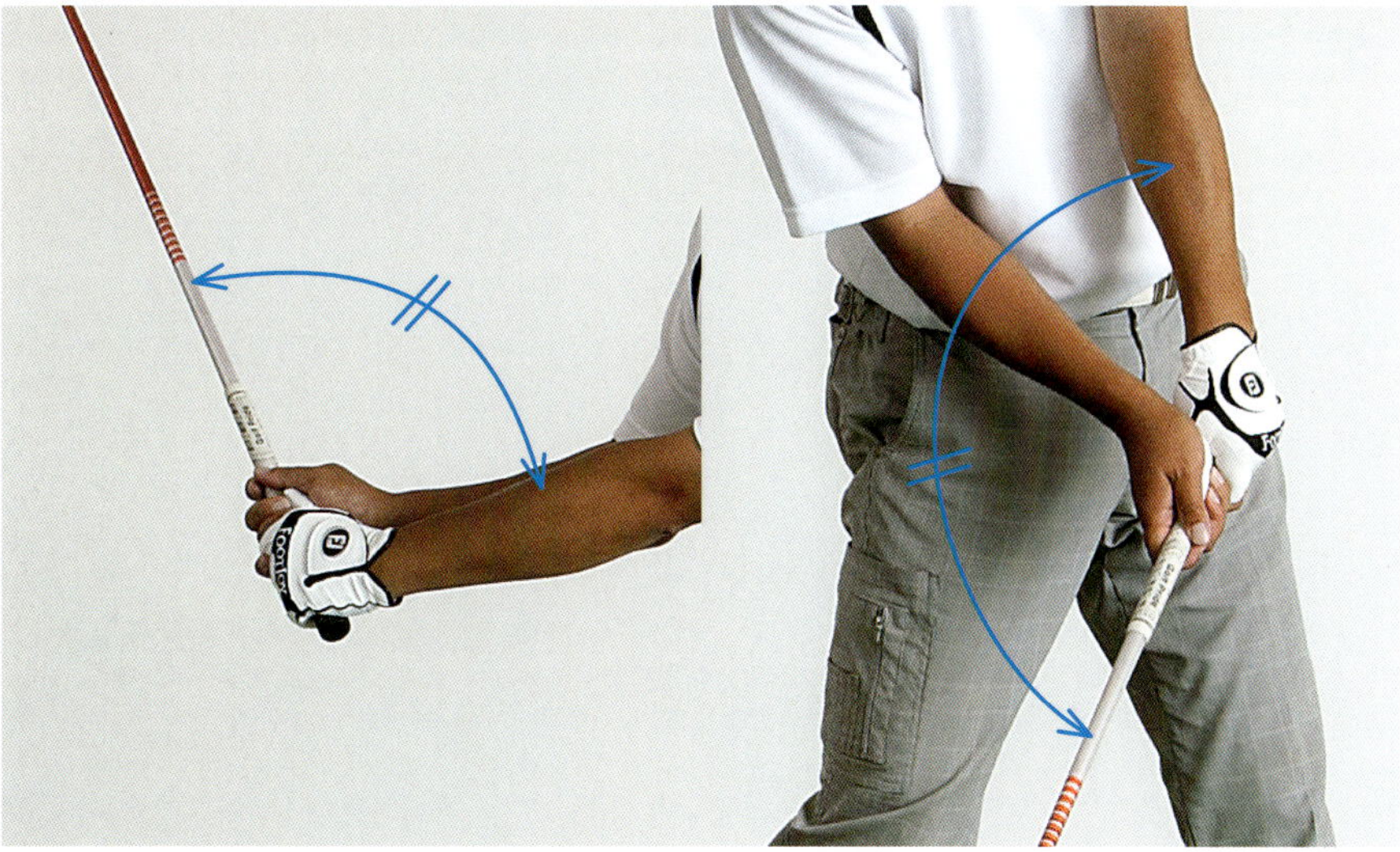

左前腕とシャフトがつくる角度はテイクバックでもインパクトでも同じ。

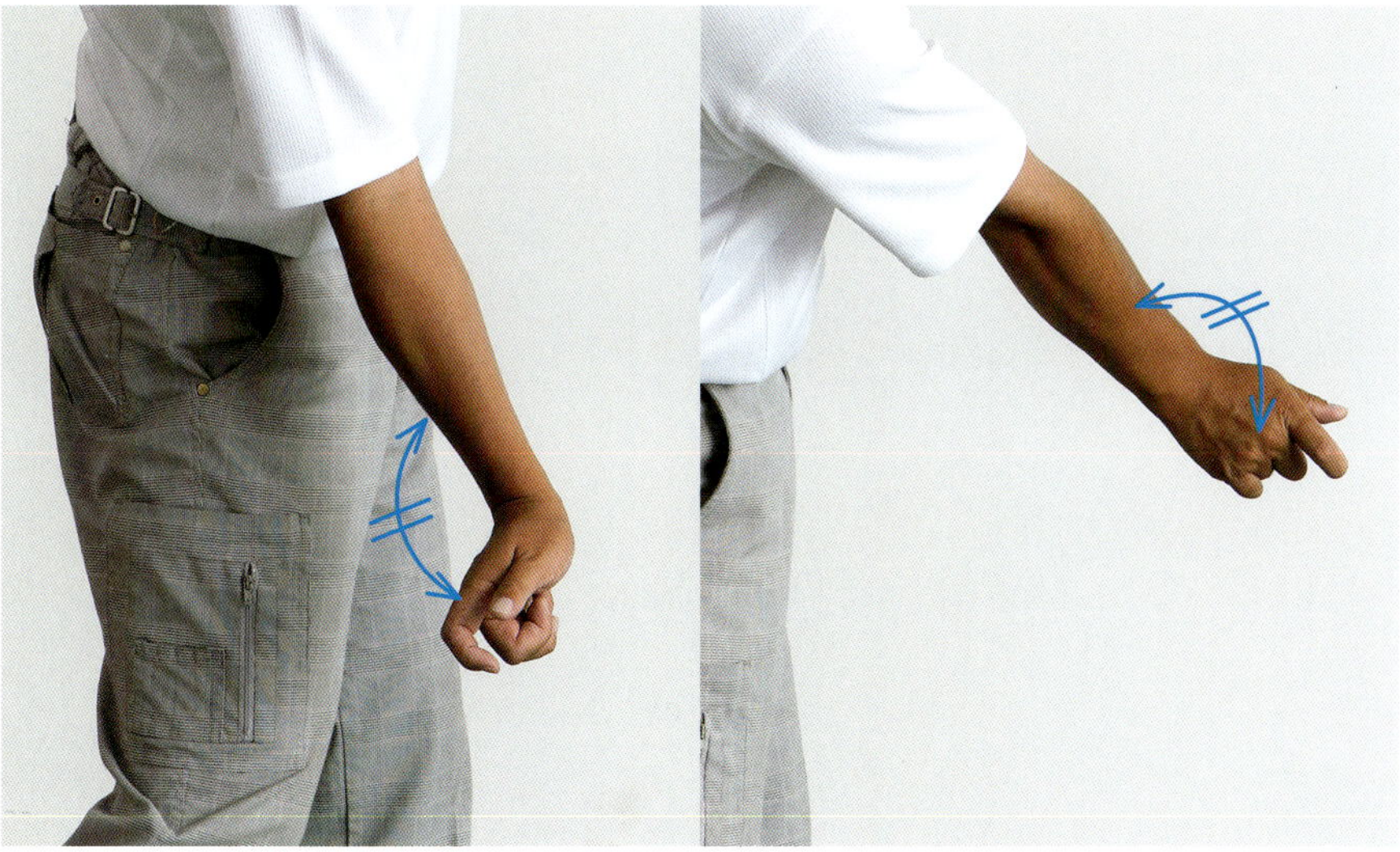

右手首の角度はインパクトの前後でも変わらない。

## ハーフスイングでチェック。スイングは自分なりにトータルで再構築する

**からだの回転でボールを打つことをマスターするのはハーフスイングのエクササイズがおすすめです。**ハーフスイングでおもったところへボールがコントロールできるようになれば、フルショットも大丈夫です。この意味でアプローチショットはフルショットの原型、フルショットはアプローチショットの延長線上にあるということができます。

からだの動きは、自分自身の固有の感覚に依存します。このことがゴルフスイング習得の課題であり、永遠のテーマといえます。人によって無意識にできるからだの動きは違います。無意識レベルでまちがった動きをしている人は、それを修正するためには、正しいからだの動きを強く意識しなければなりません。まだ身についていない、正しいからだの動きをチェックすることを繰り返しながら、スイングは身についていきます。

言い換えれば、**正しいスイングを身につけるということは、スイングのまちがいに気づかない状態から、ひとつひとつのスイングの正しい動きを認識し、無意識にできるようになるということです。**

次からは、スイングのパートごとに説明していますが、実際のスイングは極めて短時間で完了します。スイングのはじめからおわりまで、よどみなくスムーズにクラブヘッドが振り抜かれていくのが正しいスイングです。ワンピースでスイングするためには、ひとつひとつのパートを理解した上で、もう一度自分なりに組み立てて統合していく必要があります。

## ★グリップ

スイングにとって、グリップは重要です。グリップによってスイング全体が決まるといっても過言ではありません。スマートスイングを実践するには、このグリップをしっかりと身につけてください。

## スクエアグリップが正確性と飛距離を生む

グリップはクラブとからだをつなぐ唯一の接点です。どんなグリップでもよいとするレッスン書もありますが、本書では、スクエアグリップを推奨しています。

わたしのスイング理論では、**グリップは、右手を通じてからだの回転する力をボールにしっかりと伝え、さらにクラブフェイスの向きを左手の甲で感じることができることが大切です。スクエアグリップは最も効率的にボールに力を伝達でき、方向性が正確です。**

スクエアグリップの定義はいろいろありますが、ここでは、左手の甲が目標方向に正対し、両手のてのひらの向きが正対するグリップをスクエアグリップといっています。

トーナメントプロでもこのグリップが主流です。もちろん、フックグリップのプロもいますので、これだけが正しいというわけではありません。ただし、グリップが異なればそれに適応したからだの動き、つまり求められるフォームも異なることになります。グリップはフォーム全体の構成を決める重要な要素ですし、グリップが変わればからだの動かし方も変わります。

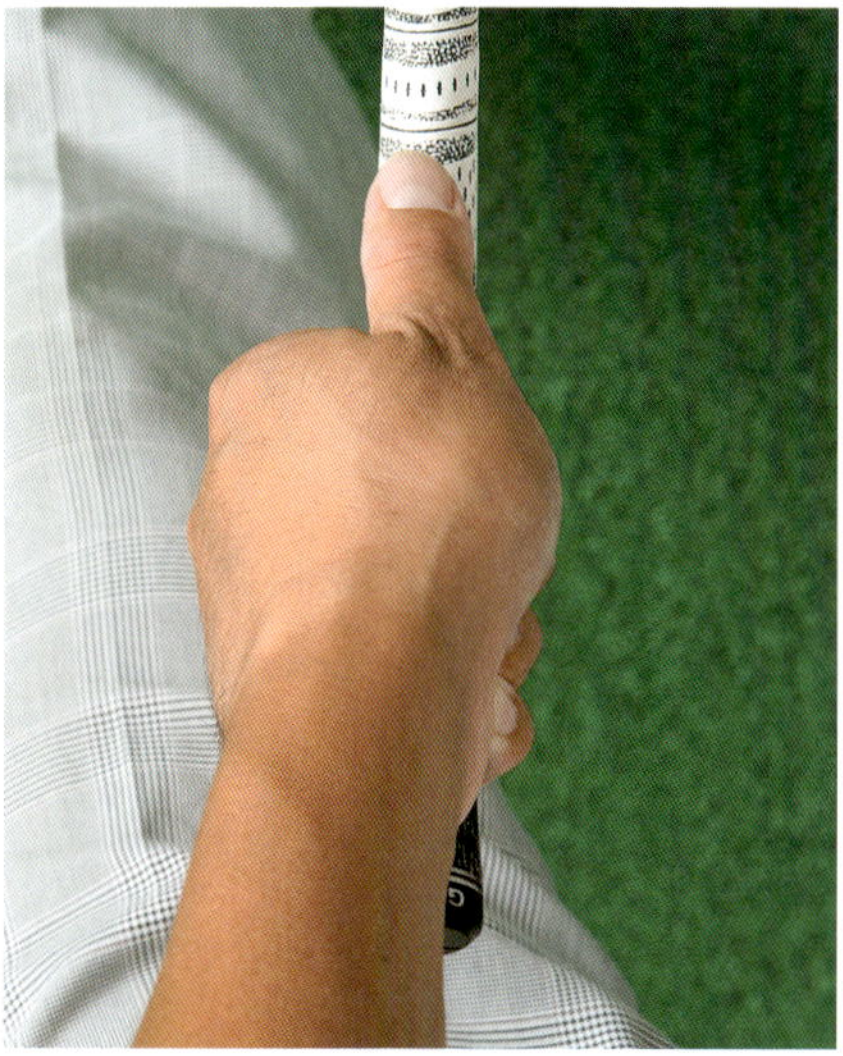

自分から見た左手のグリップ。

自分から見た右手のグリップ。

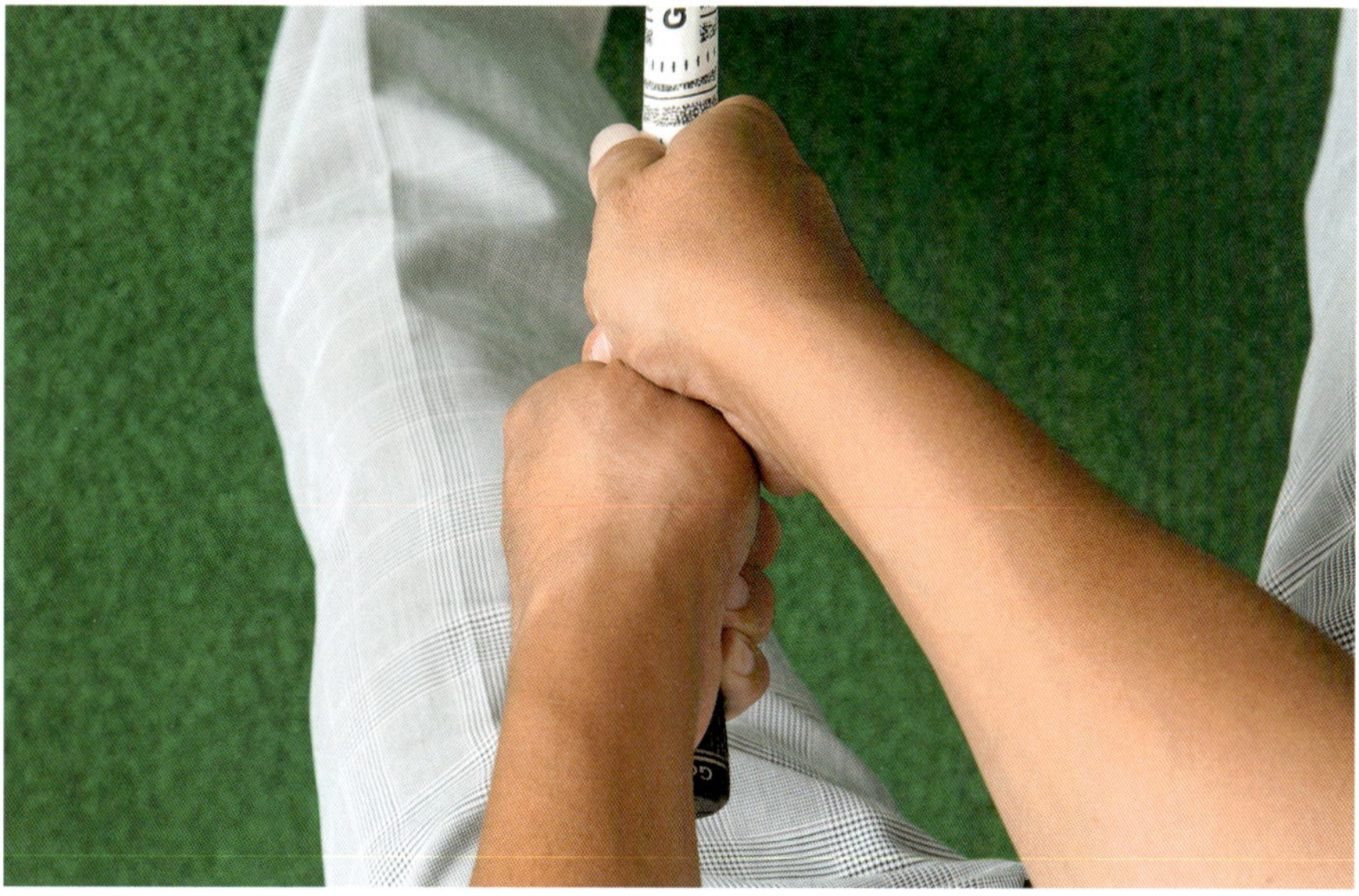

自分から見たグリップの完成形。

## スクエアグリップの握り方

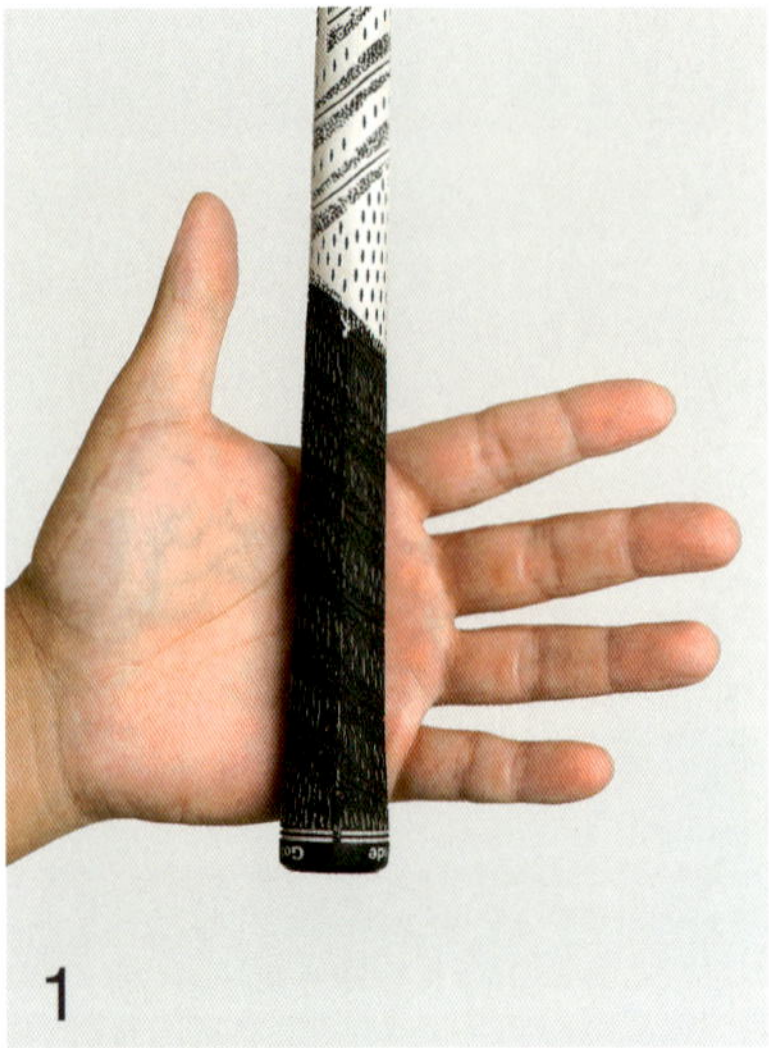


左手の写真の位置にグリップを置く。

左手小指のつけ根と小指球（小指のてのひらのふくらみ）でグリップをはさむように指の第一関節をグリップに寄せていく。

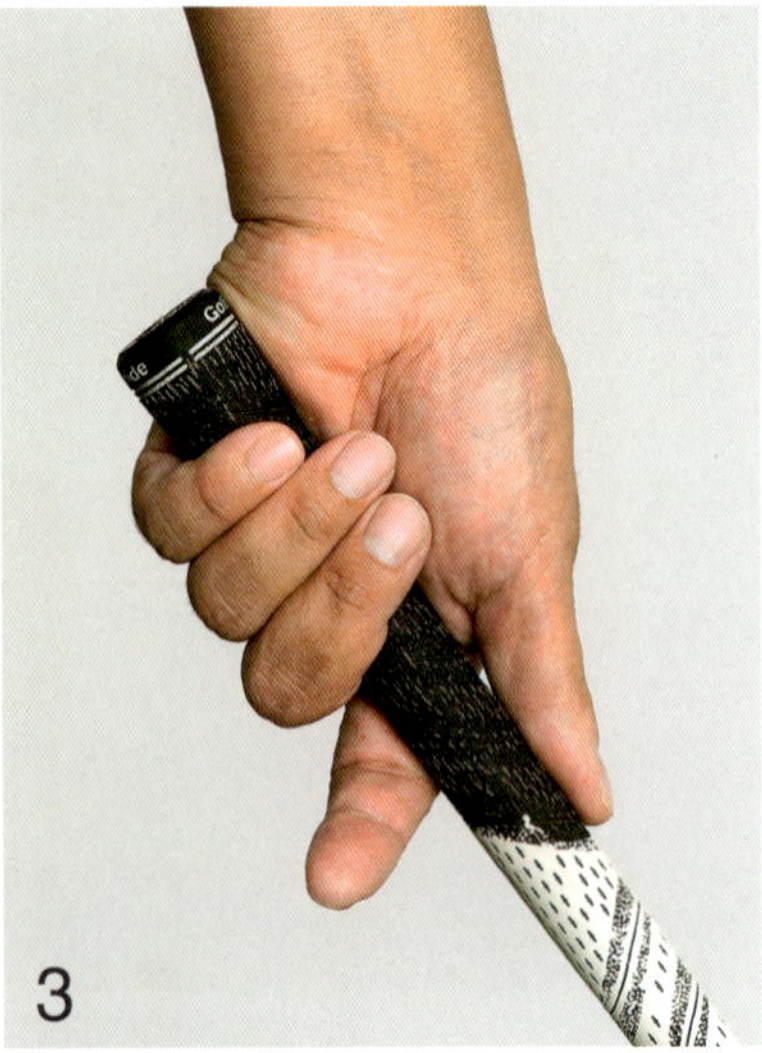


左手の中指・薬指・小指をグリップに軽く巻きつける。

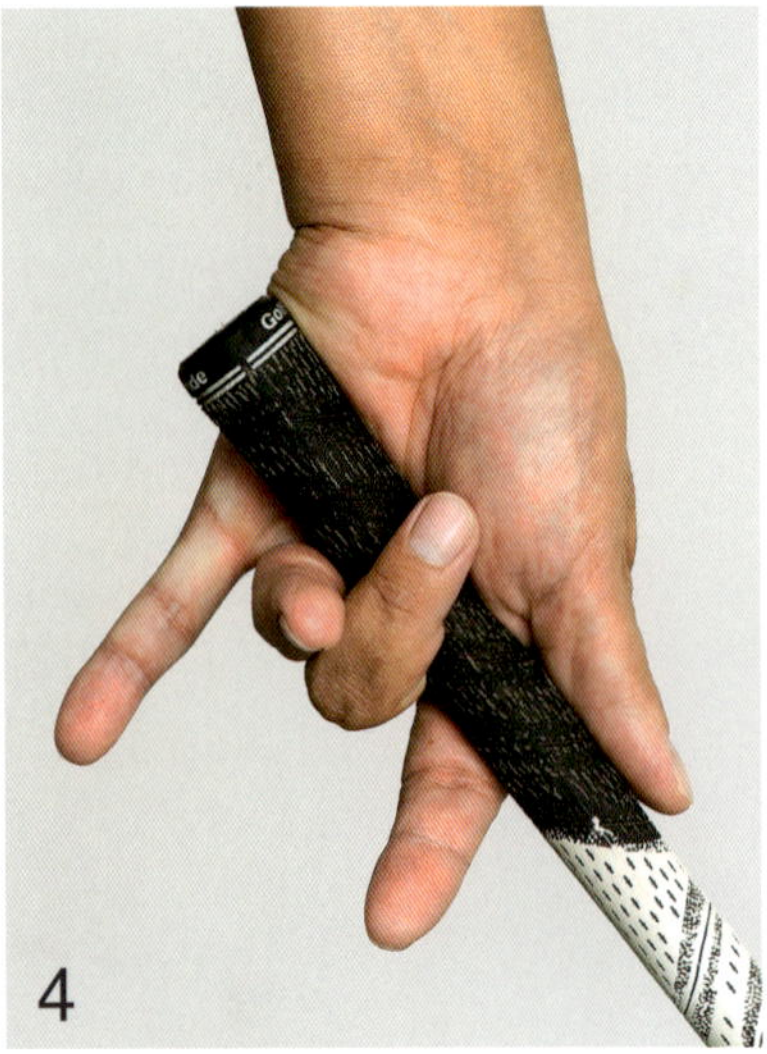


正しい位置でグリップができていれば小指球と中指でシャフトを支えることができる。

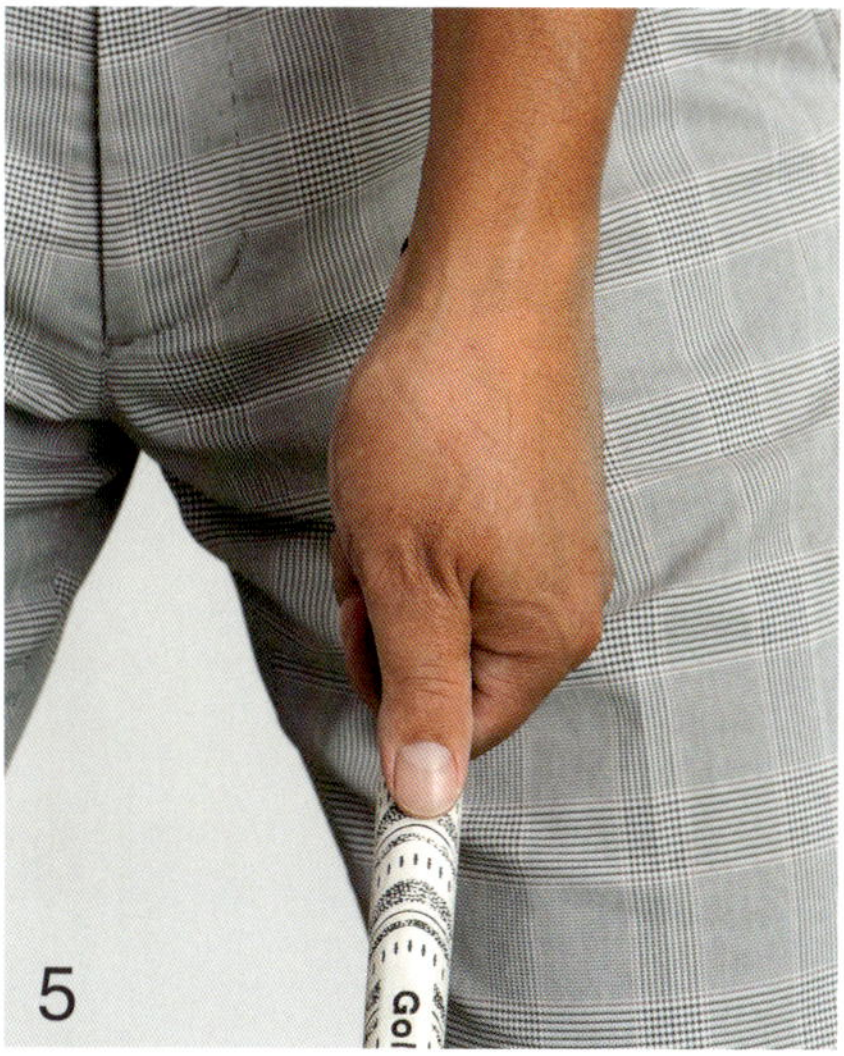


左手のグリップを正面から見たところ。

右手の中指・薬指を浅くシャフトにかける。

右手の中指と薬指の指側でグリップする。右手の親指と人差し指の間をつめることで母指球のふくらみを大きくする。

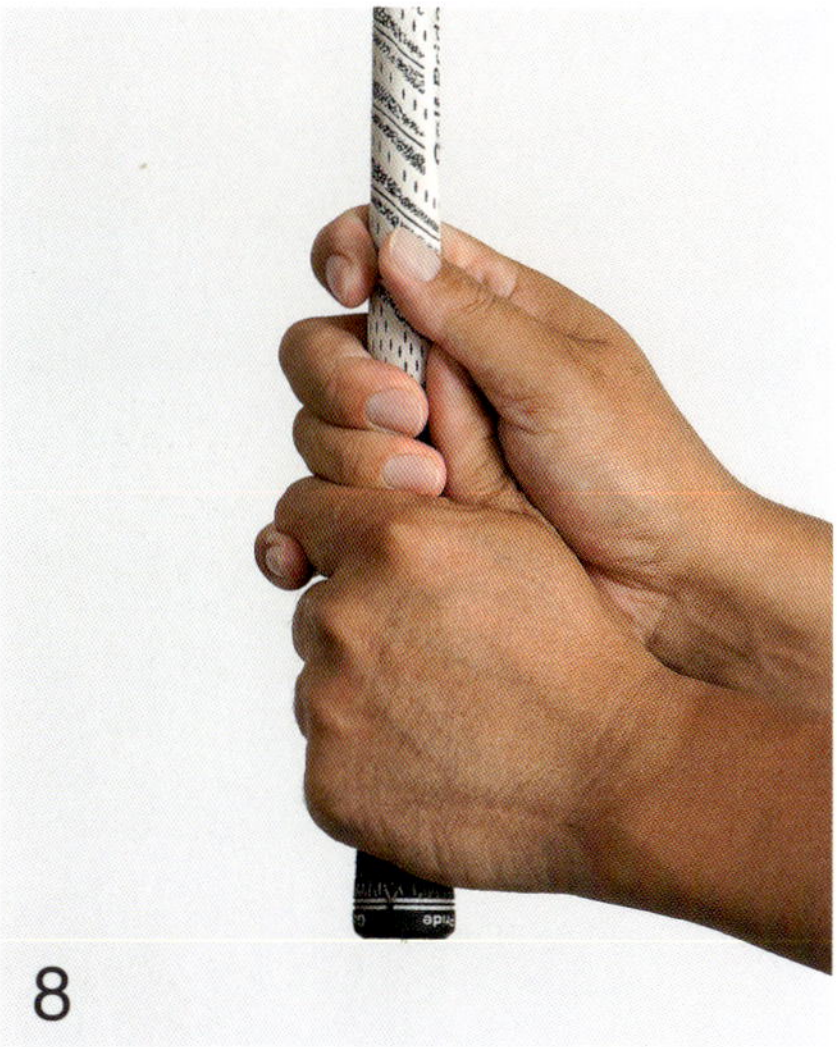


右手の母指球で左手の親指をおさえる。7と8により右手甲から右手首にかけて張りを持たせる。

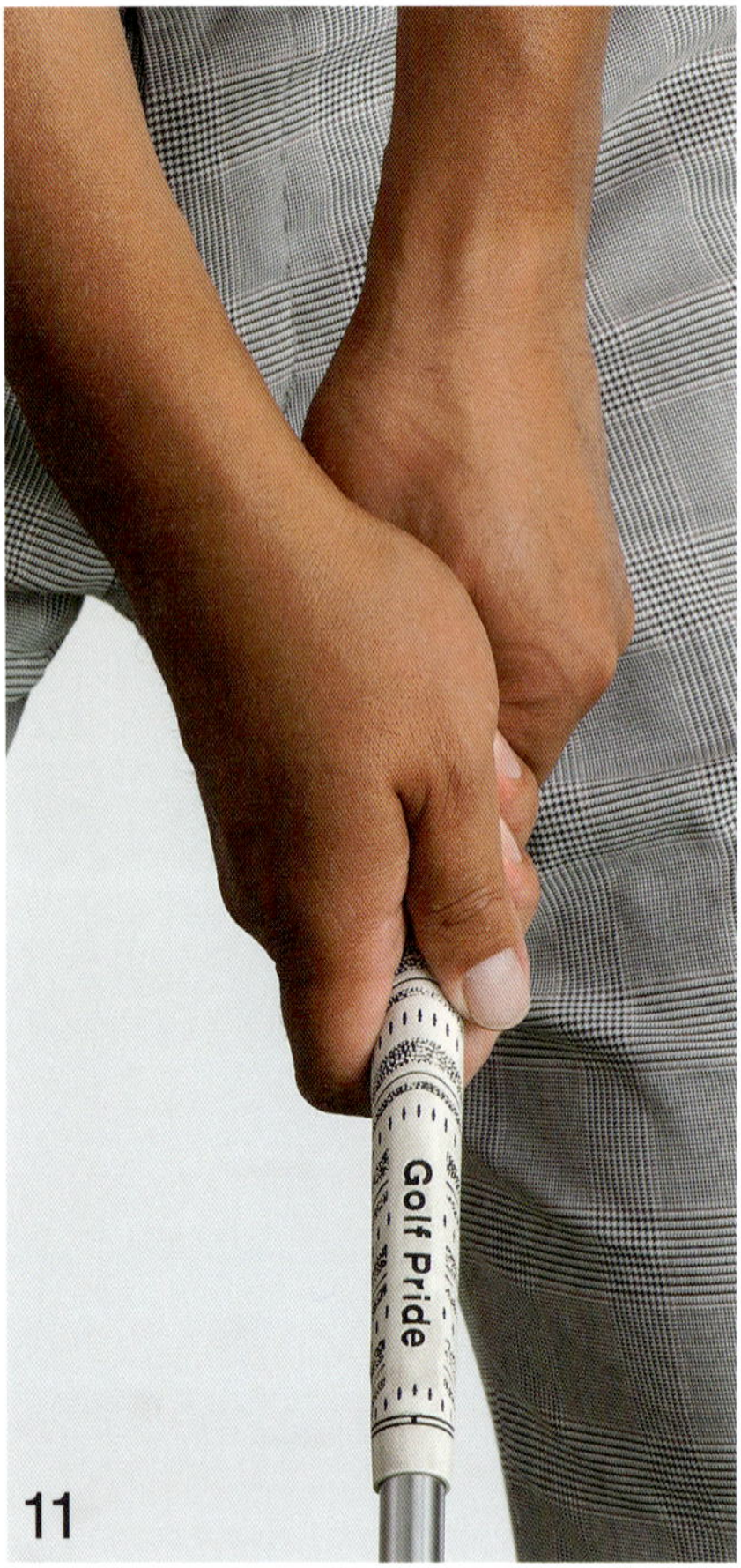


正面から見たグリップの完成形。

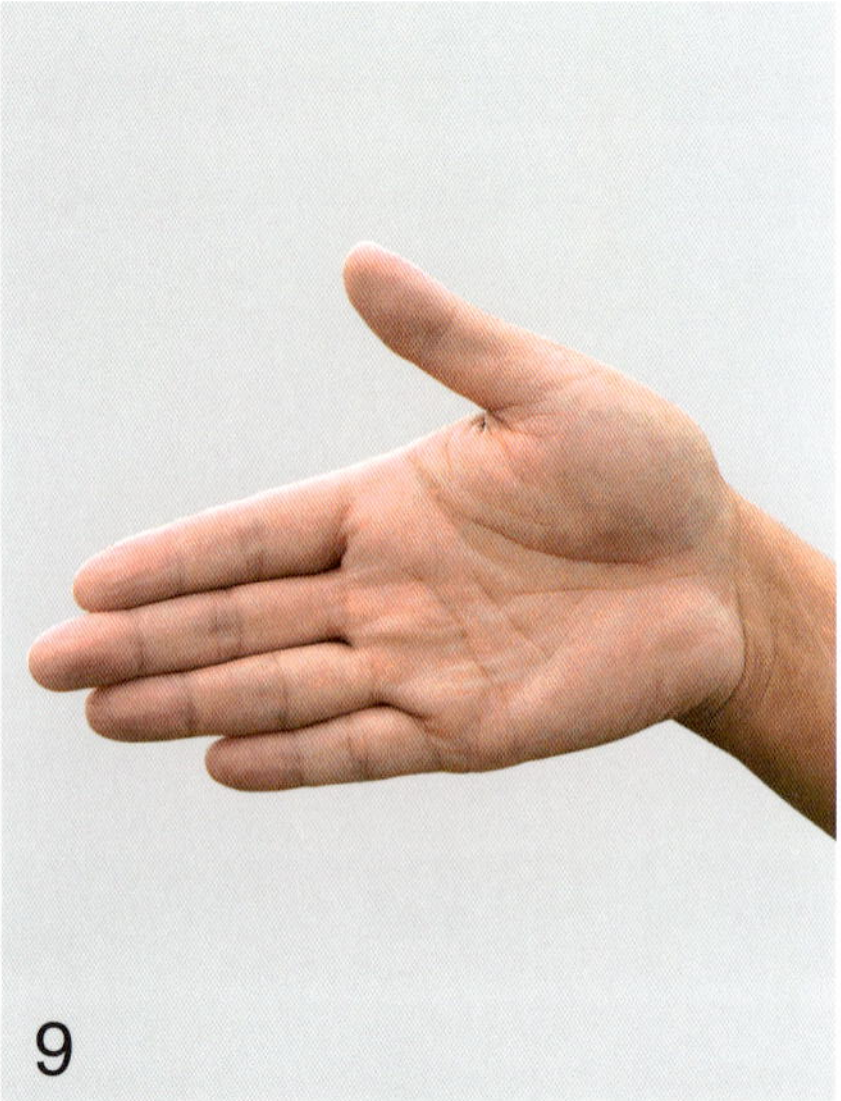


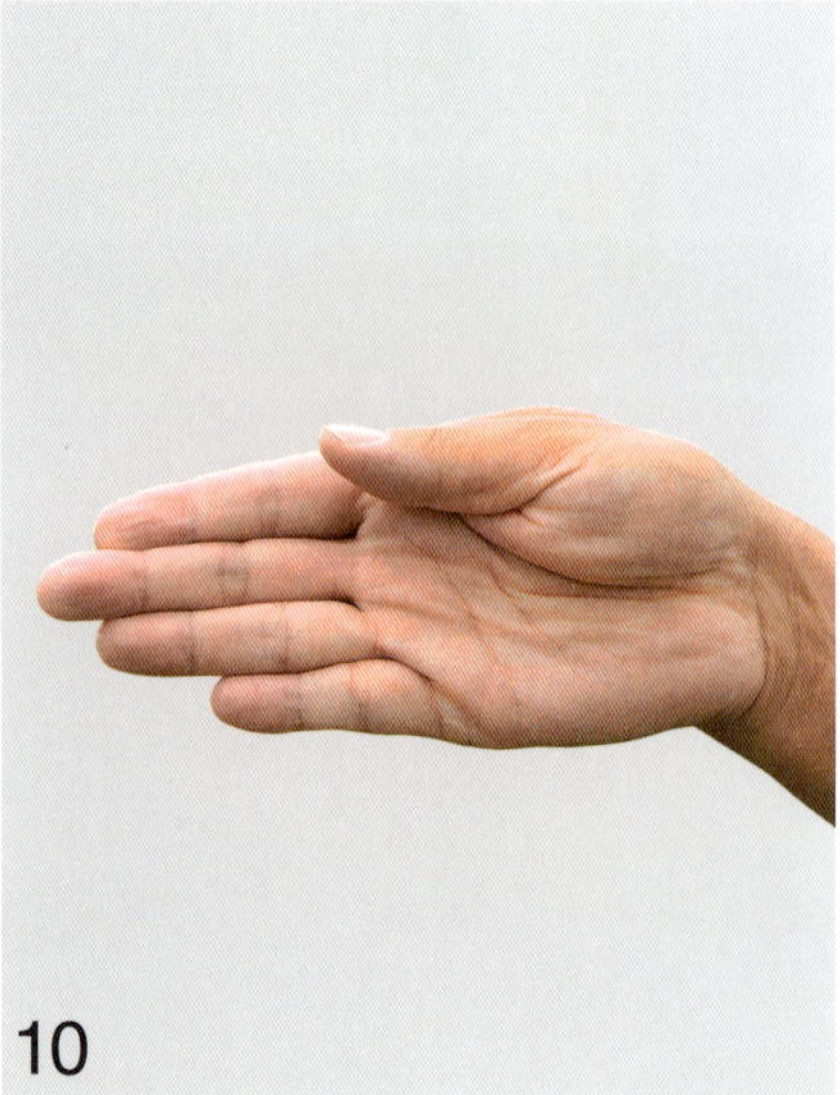


9、10は母指球のふくらみをつくる親指の動き。左手は2で、右手は7でこの動きが必要。

## ★セットアップ

グリップは前項で説明しましたので、ここではアドレスと構え方などのセットアップについて説明します。正しくクラブをスイングしていても、セットアップがまちがっていると、ボールはおもったとおりコントロールできません。

## アドレスで重要なのはからだの方向

アドレスで重要なことは、クラブフェイスの向きとからだの向きを正しい方向へセットアップすることです。

まず、ボールとターゲットを結んだ線の後ろに立ち、ターゲットラインを想定します。次に、クラブフェイスが正しくターゲットへ向くように、クラブフェイスのラインを想定したターゲットラインと直角に交わるように合わせます。

まちがいやすいのはからだの方向です。ゴルフクラブは長さがあるので、自分の目とボールの位置には距離があります。目線がターゲットを向いてしまうと、からだもターゲットへ向いてしまいがちです。これを避けるためには、**自分がスタンスをとる位置に、ターゲットラインと平行なラインを想定して、このラインに両方の肩、股関節、ひざが平行になるように合わせてスタンスをとります。**

スタンスの足は、原則として右足内側がターゲットラインと直角になるようにします。左足はやや開きます。

肩のラインの指すポイント
ターゲット

## アドレスでは上体を股関節から前傾する

**アドレスでの上体は、背筋を伸ばしたままで、股関節から前傾します。**腹筋を少し使います。背中がまるくならないように注意します。**重心は両足とも母指球にのります。**上体の重さを両側の股関節で支えると自然に背中が伸びます。

前傾の角度をチェックしましょう。後方から見て、両方の上腕の真ん中から鉛直線を垂らしたとき、ひざのところでこぶしひとつ分くらいのアキがあります。さらにこの鉛直線を下ろしていくと、両足の母指球を指します。これで正しい前傾がつくれたことになります。

背中は
曲がらない
股関節から
前傾する
こぶしひとつ分のアキ
母指球に体重

## 両方の上腕で胸をはさみこむとわきが締まる

セットアップでは、両方の上腕で軽く胸をはさみこみます。両方の上腕の胸側が密着します。背中側が密着するのではありません。よく「わきを締める」といいますが、わきの下をすべて上腕で隠すように締めるのではありません。

正面側は上腕と胸が密着している。

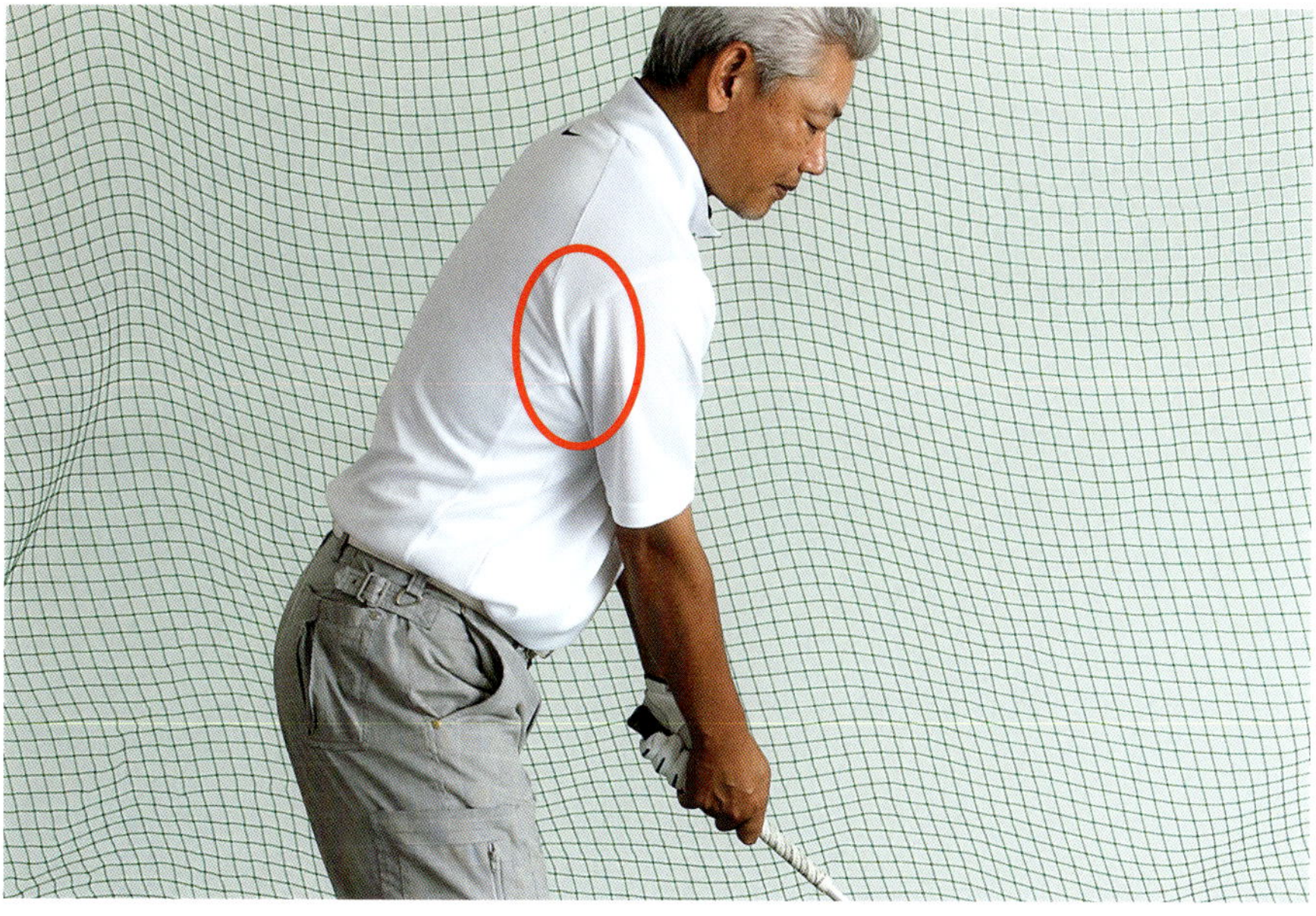

背中側は上腕とわきにはすきまがある。

## セットアップでのボール位置はクラブヘッドの最下点を考える

セットアップでのボール位置は重要です。ボールの位置を合わせるのには「足で合わせる」というのが一般的です。「ボールの位置は左かかとの前」とよくいわれています。しかし、大切なことはクラブとからだの関係です。低い位置にあるボールを正確にヒットするためには、クラブヘッドの軌道の最下点はどこになるのかということが重要なのです。

**スイングにおけるクラブヘッドの最下点は、のどの左側、左鎖骨のはしのグリグリから、地面へ向けて鉛直線を垂らした位置です。** ここにボールの右端を合わせれば、この位置がクラブヘッドがとおる最下点になります。

**アイアンではこの最下点または最下点よりやや右側にボールを置き、ダウンブローにボールをヒットします。**

**ドライバーはティーアップしていますので、最下点より左側にボールを置き、アッパーブローにボールをヒットします。**

スイングにおけるクラブヘッドの最下点の位置がわかるとスイングの考え方が変わります。ミスショットの分析もできるようになります、ショットの応用力も高まります。

コースでは斜面に止まったボールを打つこともありますので、ボールの位置が左かかとの前ではないほうがよい状況もでてきます。足の位置でボール位置を合わせることもまちがいではありませんが、足の位置は間接的な指標であることを認識しましょう。

ドライバーは最下点より左側にボールを置く。
鉛直線

アイアンは最下点または最下点よりやや右側にボールの右側を合わせる。
鉛直線

のどの左横にある左鎖骨のグリグリのところから鉛直線を伸ばしたポジションがクラブヘッドの最下点。

## ドライバーのセットアップ

ドライバーではボールがティーアップされていることから、セットアップには注意が必要です。地面にクラブヘッドのソール（底面）をつけて、ボールのすぐ横にセットすると、実際のインパクトのとき、クラブフェイスの手前側に当たりやすいのです。

実際にやってみましょう。クラブフェイスを浮かせてボールのインパクトポイントに合わせて構えます。その位置からグリップの力を抜いてストンとクラブヘッドを地面に落としてください。そうすると自分から見てボールの位置はトウ側に見ることになります。

これは、ドライバーのクラブヘッドが最下点を過ぎて、やや上昇するところでボールにインパクトするために起こることです。実際の正しいインパクトでは、地面にクラブヘッドのソール（底面）をつけて、ボールのすぐ横にセットする位置をクラブヘッドはとおらないのです。クラブヘッドのソール（底面）を地面につけてセットするのならば、ボールの位置よりかなり手前、そしてクラブフェイスの先端側にボールを合わせる必要があります。

**ドライバーのクラブヘッドを地面から浮かせて、ボールのインパクトポジションでセットアップしたほうが誤差は生じにくくなります。**

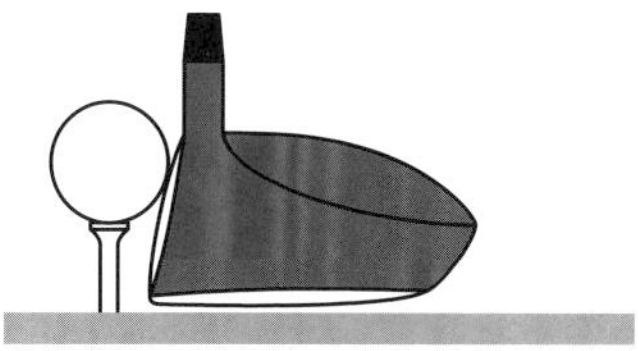

ソールを地面につけてセットアップ。

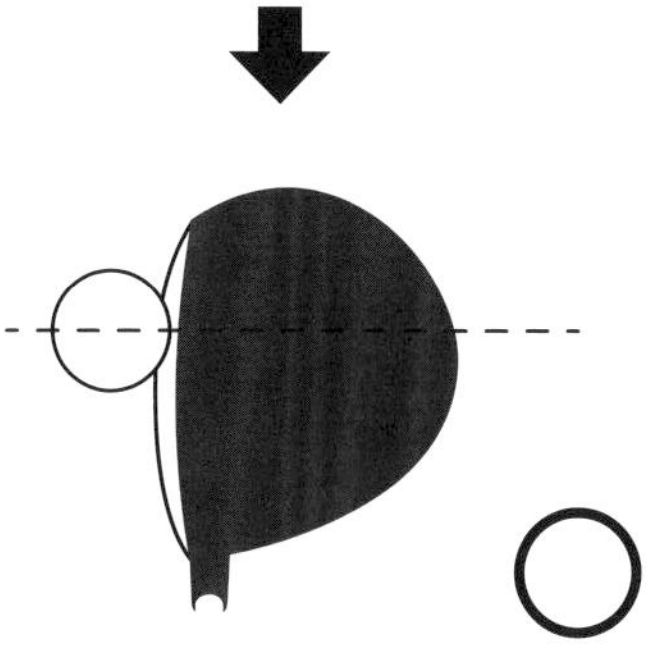

ソールを地面につけてセットアップすると、自分から見てボールの位置はヘッドのトウ側にセットしなければならない。

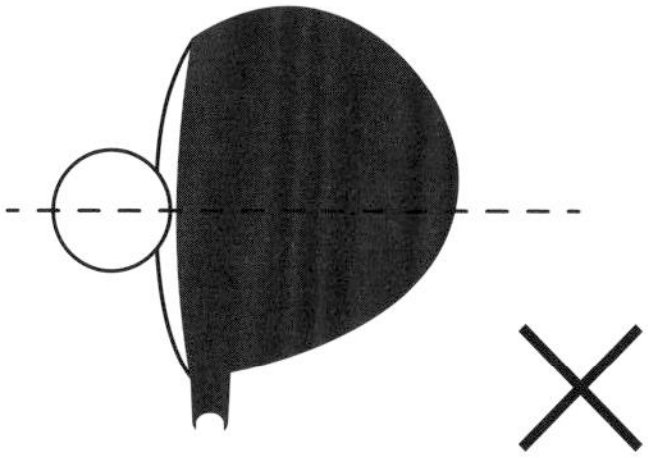

ソールを地面につけてセットアップすると、自分から見てボールの位置をヘッドのセンターにセットすると、実際はヒール側にセットすることになってしまう。

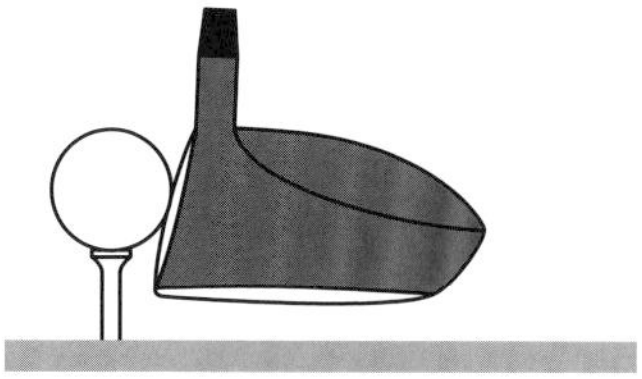

ソールを地面から浮かせてセットアップ。

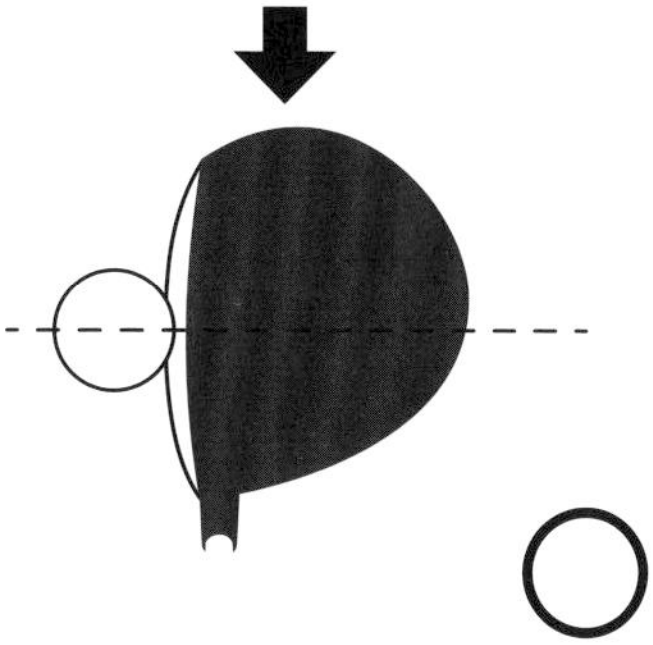

ソールを地面から浮かせてセットアップするならば、自分から見てボールの位置はヘッドのセンターにセットする。

## ★バックスイング

テイクバックからトップオブスイングに至るまで、クラブヘッドが後方へ動く部分を「バックスイング」として説明します。

## テイクバックの初動は肩・上体・上腕を一体化して右回転していく

テイクバックは、両上腕で胸をはさんだまま、肩・上体を一体化して右へ回転することでクラブヘッドを動かしていきます。下半身は動かさずに右ひざは正面を向いたままです。

**グリップはターゲットラインと平行なラインの後方へまっすぐ引くように動かします。グリップは少しづつからだから離れていきます。両上腕は上体をはさみこんだまま上体ごと回転していきます。両腕は上体のからだの巾からはずれないように注意します。グリップがおへその高さまできたら、クラブヘッドをそれ以上動かさなくても慣性力でトップの位置へいきます。**

このとき、左腕とシャフトの角度がキープされていれば、クラブヘッドは11時方向を指しています。

グリップの位置がおへその高さでもクラブヘッドは 11 時方向まで上がる。

## トップへ向けて左肩は右側に回りながら上方へ動く

テイクバックの前半では、左肩も上体の右回転と一体となって、前傾している背骨を軸に右回転します。テイクバック後半からトップへかけては、上体の右回転に加えて、**左肩（肩甲骨）は右側に回転しながら上方へ動き、左肩先端はあごを押します。**左肩の回転する動きはせいぜい20度程度ですが、左肩が回らなくては正しいスイングになりません。両方の肩の上部がつくる平面は、アドレスのときよりもフラットになり、トップでは地面と平行に近くなります。（79ページのイラストを参照してください）

左肩甲骨は右側に回っていますので右ひじは自然にやや曲がります。

テイクバック後半からトップにかけて、左肩は右側に回転しながら上方へ動く。

## トップは両肩のラインとおなかのラインの回転差をつくる

トップのクラブヘッドの位置と向きはとても重要です。トップでのヘッドの位置、ヘッドの向きが正しければ、正しいインパクトの確率は高くなりますが、そうでなければミスショットの確率は高くなってしまいます。トップでのクラブヘッドの位置は正しいスイングプレーン上にあることが重要です。

そして、**トップでは左肩も上体も十分に右回転していて、肩のラインとおなかのラインの回転差があることが重要です**。これがあることで回転のパワーをインパクトでボールに伝えることができます。

テイクバックでは、上体は背骨を軸に、右股関節内側に体重をのせて回転していきますが、脚は上体の回転に引きずられて回転してしまわないようにします。

体重移動ではなくからだの回転パワーを使うのですから、トップで体重は大きく右側にシフトすることはありません。**トップでは右股関節内側の上に体重がのり、右脚の内側で支えます。右足裏の内側がめくれてしまうことはありません。右ひざは正面を向いたままです。**

肩のラインは90度
回転。
おなかのラインは
45度回転。
右股関節内側に
体重。
右ひざは正面を
向いたまま。

肩のラインは90度
回転。
おなかのラインは
45度回転。
右股関節内
側に体重。
右ひざは正面を
向いたまま。

## トップの右手グリップをチェック

トップをつくるときに、重要なのは右手のグリップのかたちです。トップでグリップしている左手だけを離し、右手だけでクラブを支えてみます。このとき、**右手の小指と親指はクラブから離れ、クラブの下側は右手の人差し指の第一関節と第二関節の間にクラブシャフトがのって、右手中指と薬指でクラブを上側からおさえるかたちになります。**これが正しいトップでの右手のかたちです。この右手のかたちならば、トップでのクラブヘッドのフェイスの向きを正しく保てますし、このままからだを回転して、クラブヘッドがインパクトの位置にきたときに、からだの回転パワーをボールに伝達することができます。

また、左手の手首は自然にコックされます。手首のコックとは、左手親指つめ側方向に左手首が折れることですが、コックはクラブの重さと慣性力で自然に起きますので、特に意識することはありません。

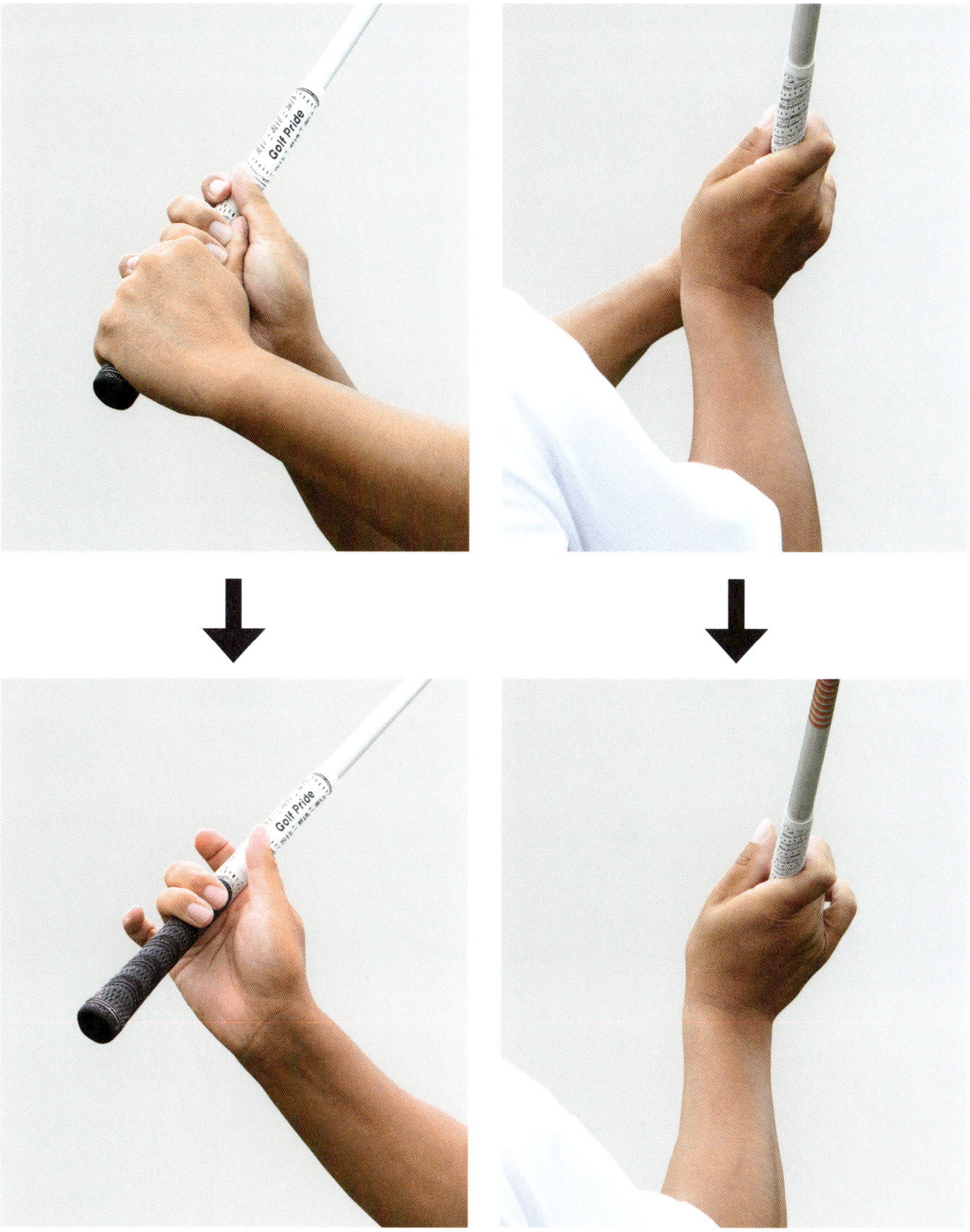


トップオブスイングのかたちから左手のグリップをはずしても、右手の中指と薬指だけでクラブは保持できる。親指と小指ははずすことができる。また、右手の人差し指の上に、クラブシャフトがのっている。

## ★フォワードスイング

ここではトップオブスイングの後、ダウンスイングからインパクト、そしてフォロースルーからフィニッシュまで、クラブヘッドが前方へ動く一連の動作について説明します。

## ダウンスイングはおなかを左へ回転する

**ダウンスイングの初動は、おなか部分だけを左方向へ回転することからはじまります。**フットワークを使う必要はありませんし、力を入れて振り下ろす必要もありません。**トップでできた左肩のかたち、右ひじのかたちをキープしたまま、両上腕は胸をはさみこんだままで、おなかだけを回します。**すると、これにつられてグリップ位置はトップの位置から少し降りてきます。**左股関節内側に体重をのせながら、**右わき腹は絞られて、右肩と右股関節の距離は縮まります。クラブは自然に降りてきます。多くのアベレージゴルファーは、これを腕の動きで意識的につくりだそうとしてしまいますが、自然に起きてしまうほうが正しいスイングプレーンにのりやすいのです。おなかを回していくことでこの動きを自然につくりだせれば正確性は大きくアップします。

からだは前傾していますから、前傾した背骨を軸におなかを回していきます。「おなかを回す」という表現は「腰を回す」という表現と同じです。からだの中央部分であるおなかが回ると、上体と一体化している両腕は降りてきて、インパクトします。インパクトのときは、クラブフェイスはターゲット方向へ向いていますが、腰とおなかの中央部分は、ターゲット方向に対して左へ45度回転し、両肩のラインはターゲット方向と平行です。左の脚部はこのおなかの動きに負けないようにしっかりと支えます。**左ひざがインパクトの前に外側に向いてしまわないようにしっかりと支えます。左足も外側に体重がいかないようにしてください。**

トップでインパクトのかたちをつくったら、腕や手を使うことを意識しないで、おなかの動きでインパクトが自然に、オートマチックに起きるようにするのです。

おなかは回転して左ひざは正面を向いたまま。この間、腕や手はまったく使っていない。

## インパクトではおなかを十分に左へ回転していて、さらに両肩を回転させる

インパクトでは、すでにおなかの部分は左方向へ十分に回転しています。ターゲット方向より左へ45度回転したところです。両肩を結んだラインはターゲット方向と平行のラインです。**左股関節内側に体重がのり、左脚の太ももに力が入り、外側へからだが流れるのを止めています。**これがボールをインパクトする状態です。

インパクトの手前までは、クラブヘッドの軌道が狙ったところをはずれないように注意します。クラブヘッドの動きはできるだけゆっくりでよいのです。おなかを左へ回転させていればクラブヘッドは自然に降りてきます。**インパクトの手前までクラブヘッドが降りてきて、両肩のラインがターゲット方向と平行になったら、一気に両肩を左へ回転させます。**このことで、左へ回転していたおなかのラインと、回転差のあった両肩のラインは、インパクトを経て一気に回転差がなくなります。これがフォロースルーへとつながるのです。

左股関節内
側に体重。
太ももに力
が入る。

インパクトでは、すでにおなかは左へ回転しているが、肩のラインはターゲットラインと平行。

左股関節内
側に体重。
太ももに力
が入る。

インパクトからフォロースルーにかけて、肩のラインは急激に回転し、おなかのラインに追いつく。

## からだ全体でボールを力強く押せるインパクトをつくる

静止しているゴルフボールをインパクトで力強く飛び出させるためには、相当大きな力が必要だといいました。そのためには、からだの回転パワーをインパクトで最大になるようにボールに伝えます。インパクトでは、骨盤から上の上体はすでに十分に左側へ回転し、その回転を左脚部がしっかり支えます。

**上体（骨盤から上の部分）を回転させて、パワーを生もうとしているのですから、これを支えるためには脚が重要な役割を果たします。太もも部分は人のからだでも強い部分です。**

また、ゴルフではヒットするボールの高さは一定なので、ひざの上下動は不要です。上下動してしまってはインパクトは正確ではなくなります。いろいろな高低のボールを打ち分けるテニスや野球とは違うところです。

**グリップ・腕・上体は一体化し、右手がボールを力強く押して、左手がこれをしっかりと受け止めます。**からだが回転する力を、グリップを通じて十分にボールに伝えていくためには、このことが重要です。

インパクトでボールをしっかりと押すためには、からだの回転パワーを伝えられるグリップが必要となる。写真のようにグリップを離してみると右手人差し指つけ根と左手小指球は互いに押し合うことができていることがわかる。

## フォロースルーでも両腕で上体をはさみこんだまま左へ回転していく

実際のフォロースルーはインパクトと一体です。インパクトでスイングが中断することはないからです。**両方の肩のラインがターゲット方向と平行になるところまできたら、先行しているおなかのラインへ上体も追いつくように、左股関節内側の上で左回転していきます。**その途中にあるのがインパクトです。もちろん両腕は上体をはさみこんだままです。ここでも、クラブ・腕・上体が一体化していることが大切です。

よく、アベレージゴルファーに見られるのは、大きいフォロースルーをつくろうと、グリップをターゲット方向に押し出してしまう動きです。これではクラブヘッドが正しい軌道からはずれてしまい、正しいフォロースルーはできません。

正しいフォロースルーでは、右ひじは遠心力で自然に伸ばされます。そして、グリップエンドは左脚のつけ根を指し続けます。グリップ部分は、からだの近くをとおりますが、クラブヘッドはバックスイングよりも大きなアークを描いていくことになります。

左股関節内側の上で左回転。

## フィニッシュは左脚一本で立つ

フォロースルーからフィニッシュへかけて、上体は起き上がっていきます。この動きで、クラブヘッドはスイングプレーンに正しくのり、ヘッドの慣性力にリードされて手は自然に上がっていきます。フィニッシュでは、左股関節に体重がのって、左脚一本だけでからだ全体を支えることができます。

**おなかは回転し、おへそはターゲットラインと平行なラインを指し、肩のラインも回転して右肩先端はターゲットラインと平行なラインを指します。**

フォロースルーからフィニッシュにかけて上体は起き上がっていく。

右肩先はターゲットラインと平行なラインを指す。
おへそはターゲットラインと平行なラインを指す。
左脚一本で立てる。

# 第４章　スマートスイングの応用

この章ではスマートスイングの応用として、傾斜地でのショット、アプローチ、バンカーショットを説明します。アベレージゴルファーのみなさんが最も知りたくて、悩んでいるショットです。

傾斜地のショットに対応するためには、傾斜によって平地と何がどう変化するかをよく理解する必要があります。そして、その変化への対応によって、セットアップもスイングも変わってくることに注意しましょう。また、傾斜が急な状況では、できるだけ平地に近いところへ脱出することが最優先になることに注意しましょう。

## 傾斜地のショット「前上がり」

**ここで説明するのは、前上がりの傾斜地で、ストレートボールを打つための方法です。**

●変化すること

①体重がかかと寄りになる。

②ボールの位置が高くなる。

③傾斜どおりにクラブソールをセットするとクラブは水平面に対してアップライトになり、フェイス面が左を向きやすくなる。

●対処方法

①スイング中の体重をかかと寄りに保つ。

②クラブのライ角を平地と同じようにするために、ヒール部分を浮かせて、クラブフェイスがターゲットへ正対するようにセットアップする。

③ボールの位置は高くなり、からだとの距離は近くなるので、クラブを短く持ち、ボールに近づいてスタンスをとり、平地との高低差を少なくする。クラブを短く持っていることも含めて、フルショットより距離は落ちることを考えてクラブを選択する。

平地のセットアップ。

前上がりのセットアップでも前傾角度は平地と変わらない。体重はかかと寄り。

## 傾斜地のショット「前下がり」

**ここで説明するのは、前下がりでの傾斜地で、ストレートボールを打つための方法です。**

●変化すること

①体重がつま先寄りになる。

②ボールの位置が低くなる。

③傾斜どおりにクラブソールをセットするとクラブは水平面に対してフラットになり、フェイス面が右を向きやすくなる。

●対処方法

①スイング中の体重をつま先寄りに保つ。

②クラブのライ角を平地と同じようにするために、トウ部分を浮かせて、クラブフェイスがターゲットへ正対するようにセットアップする。

③スタンスを広げ、両方のひざを深く曲げて沈み込む。からだ全体の前傾角度は平地と同じ。スイング中もこの前傾角度をキープし、ひざが伸びてしまわないように注意する。

④フルショットは難しいので飛距離が落ちることを考えてクラブを選択する。

この姿勢からひざを曲げていくと前下がりのセットアップになる。

前傾角度は平地のときと同じ。体重はつま先寄り。

## 傾斜地のショット「左足上がりで傾斜がゆるいとき」

**左足上がりで傾斜がゆるいときは、斜面に沿ってアドレスします。おなかのラインから上を斜面と平行にします。**

●変化すること
①スイング軌道の最下点はやや右寄りになる。
②クラブのロフト角は平地と比べて大きくなる。
③クラブヘッドをインサイドアウトに振り抜きやすくなる。

●対処方法
①スイング中、体重は右足にかけ続け、できるだけ体重移動しない。
②ボールは平地より右足寄り。
③右方向へ飛び出しやすいので狙う方向に注意。やや左方向へ狙いを定める。
④飛距離は1番手から2番手は落ちるのでクラブ選択は注意する。
⑤傾斜に沿ってスイングするので、フォロースルーも斜面に沿って出していく。

おなかから上のラインは斜面と平行。体重は右足寄り。ボールの位置は右足寄り。

## 傾斜地のショット「左足上がりで傾斜が急なとき」

**左足上がりで傾斜が急なときは、おなかのラインから上は平地と同じようにアドレスします。おなかのラインは水平面と平行にします。**

●変化すること
①スイング軌道の最下点はやや右寄りになる。
②左ひざの曲がりは大きくなる。
③フォロースルーでクラブヘッドが振り抜きにくくなる。

●対処方法
①スイング中、体重は右足にかけ続け、できるだけ体重移動しない。
②ボールは平地より右足寄り。
③飛距離は1番手から2番手は落ちるのでクラブ選択は注意する。急傾斜のためクラブ操作は難しくなってしまうので、大きいクラブは選択しないほうがよい。(写真はピッチングウェッジ)
④スイングで左ひざが邪魔になるようならば、左足を少し背中側に引いてアドレスする。
⑤フックボールになりやすいので、狙う方向に注意。

おなかのラインは水平面と平行。体重は右足寄り。ボールの位置は平地より右寄り。

スイングで左ひざが邪魔になるのならば左足を背中側に引いてアドレス。

## 傾斜地のショット「左足下がりで傾斜がゆるいとき」

**左足下がりで傾斜がゆるいときは、斜面に沿ってアドレスして、おなかから上のラインを斜面と平行にします。左肩は水平面に対してやや下がります。**

●変化すること
①スイング軌道の最下点はやや左寄りになる。
②クラブのロフト角は平地と比べて小さくなる。
③クラブヘッドをアウトサイドインに振り抜きやすくなる。

●対処方法
①スイング中、体重は左足にかけ続け、できるだけ体重移動しない。
②ボールは平地より左足寄り。
③左方向へ飛び出しやすいので狙う方向に注意。やや右方向へ狙いを定める。
④ロフトが小さくなるので1番手から2番手下げる。クラブ選択は注意する。
⑤傾斜に沿ってスイングするので、フォロースルーも斜面に沿って低く出していく。

おなかから上のラインは斜面と平行。体重は左足寄り。ボールの位置は左足寄り。

フォロースルーは斜面に沿って低く出していく。

## 傾斜地のショット「左足下がりで傾斜が急なとき」

**左足下がりで傾斜が急なときは、おなかから上のラインは平地と同じようにアドレスします。おなかのラインは水平面と平行にします。**

●変化すること

①スイング軌道の最下点はやや右寄りになる。
②ボールの位置は高くなる。
③アドレスはとても不安定でバランスを崩しやすく、通常のようなスイングはしにくくなる。

●対処方法

①スイング中、体重は左足にかけ続け、できるだけ体重移動しない。
②ボールは平地より右足より。
③飛距離は1番手から2番手は落ちるのでクラブ選択は注意する。急傾斜のためクラブ操作は難しくなってしまうので、大きいクラブは選択しないほうがよい。(写真はピッチングウェッジ)
④スイングで右ひざが邪魔になるようならば、右足を少し背中側に引いてアドレスする。
⑤クラブフェイスが開いたままインパクトしやすく、スライスになりやすいので、狙う方向に注意。

おなかのラインは水平面と平行。体重は左足寄り。ボールは右足寄り。

斜面に沿ってバックスイングする。

## ランニングアプローチ

ランニングアプローチはボールを転がしていくアプローチショットです。ボールがよく転がるためには、バックスピン量を少なくしたいので、クラブヘッドが急に加速しないように等速でボールをヒットします。**クラブヘッドとグリップの運動量に差がない打ち方です。手元の動きとクラブヘッドの運動量はほぼ同じになります。**さらにボールをよく転がすために、クラブヘッドの動きは低くテイクバックして、低くフォロースルーしていきます。写真のクラブは52度のロフト角のアプローチウェッジです。

4．右手首の角度を変えないで、低くテイクバック。
5．右手首の角度を変えないで、低くフォロースルー。

1．スタンスは狭くクラブフェイスがターゲット方向に向くようにセット。
2．そのままロフトを立てるようにグリップを左に傾ける。
3．ボールは右足のつま先にセットし、クラブを短く持って左腿前の位置でグリップ。

## ピッチショットのアプローチ

ピッチショットのアプローチは、ボールを高く上げて、止めるショットです。バックスピン量を多くしたいので、クラブヘッドを急加速させてダウンブローでボールをヒットします。**クラブヘッドとグリップの運動量に差がある打ち方です。右手首の角度を変えないように注意しましょう。手元の動きは少なくてもクラブヘッドの運動量は多くなります。**

写真のクラブは、56度のロフト角のサンドウェッジです。よりボールを高く上げたいときは、クラブフェイスを開いて、ロフト角を大きくします。

4. 右手首の角度を変えないでインパクト。

1. スタンスは通常どおりクラブフェイスがターゲット方向に向くようにセット。
2. ボールの位置も通常のショットと同じ位置にセット。
3. 通常のショットと同様にテイクバック（距離によって大きさは調節）。

## バンカーショット

バンカーショットは、ほとんどのアベレージゴルファーにとって苦手なショットです。バンカーショットは、直接ボールを打たずに砂ごと打ちます。砂が飛んでいかなければボールも飛んでいきません。

**アドレスは両足の巾を大きく開いて立ち、重心を低く、グリップ位置も思い切って低くします。**左ページの写真でスタンスの巾を比較してみてください。足場を固めるために、足を砂に埋め込むことはよくいわれることですが、スタンスの巾は重要です。

クラブフェイスは開いたほうがバンスをより使いやすくなります。ただし、フェイスを開いた分、グリップの位置も低くして、クラブシャフトを寝かせて構える必要があります。そして、クラブフェイスの向きが砂の中で変わってしまわないように注意しましょう。クラブフェイスの向きが変わってしまうと砂から脱出することは難しくなります。

バンカーでは、ソールのバンスから砂に打ち込み、その反動でヘッドがはねている間に、左股関節内側の上で上体を左へ回転させていきます。大切なことは砂を飛ばしていくことですから、打ち込んでしまってフォロースルーがなければ砂は飛んでいきません。必ず十分なフォロースルーをとってください。

×

バンカーでは平地と同じアドレスはしない。

○

バンカーでは平地よりスタンスを広くして、
重心を低くする。グリップ位置も低くする。

## 伊東昭年　ITO Akitoshi

1965年生まれ。青山学院大学中退。アマチュア時代はツキイチゴルファーで、平均スコアは95前後。43歳のとき、区役所職員からティーチングプロをめざして転身。45歳でプロ資格取得。その後、飛距離アップのために、それまでのスイングを抜本的に改造し、独自のスイング理論を確立。ドライバーは平均飛距離を40ヤード伸ばすとともに正確性もアップ。抜群のフェアウエイキープ率を誇る。ゴルフスイング理論書はほとんどを読破し、自らの研究テーマはスイング理論の探求にあると語る。「生徒さんがうまくならなかったらぼくの責任」とはっきり言い切ることができる数少ないティーチングプロである。何人もの生徒さんが飛距離とスコアを飛躍的に伸ばしている。親身なレッスンは定評があり、「伊東さんのためにうまくならなければ」という生徒さんも多い。

USGTF（アメリカ合衆国ゴルフティーチャー連盟）ティーチングプロ

www.itoakitoshi.com



編集　**阿部秀一**

インドア撮影　**伊藤ゆうじ**
コース撮影　**堀 尚之**
コース撮影協力　**東京よみうりカントリークラブ**

**伊東昭年の**
**スマートゴルフ**
**頭もからだも活性化するスイング理論**

2012年8月1日　初版第1刷発行

著者　**伊東昭年**
発行人　**阿部秀一**
発行所　**阿部出版株式会社**
〒153-0051
東京都目黒区上目黒4-30-12
TEL：03-3715-2036
FAX：03-3719-2331
http://www.abepublishing.co.jp
印刷・製本　**アベイズム株式会社**




ISBN978-4-87242-335-8 C2076

平地のセットアップ。

前上がりのセットアップでも前傾角度は平地と変わらない。体重はかかと寄り。
クラブヘッドのヒール部分を浮かせて、フェイス面をターゲット方向に向ける。

## 傾斜地のショット「前下がり」

**前下がりの傾斜地で、ストレートボールを打つための方法です。**

前下がりの傾斜地では、自分のからだとボールとの距離が平地とは異なります。斜面の分だけボールは遠く、平地より低い位置にあります。これに対処するためには、**アドレスではスタンスを広げ、両方のひざを深く曲げて沈み込みます。**

**アドレスでの上体の前傾角度は平地と同じで、体重はつま先寄りです。スイング中もつま先寄りの体重は保ったままです。**

この状況で、傾斜どおりにクラブのソールを地面につけてセットすると、シャフトは水平面に対してアップライトになり、クラブのフェイス面は右を向いてしまいます。前下がりの斜面でスライスボールがでやすい原因です。そこで、ストレートボールを打つためには、**クラブヘッドのトウ部分を浮かせてセットアップし、フェイス面をターゲット方向へ正対させます。**つまり、斜面の状況を「消して」しまうセットアップをするのです。

クラブの選択はよく考えましょう。前下がりの斜面では、不安定なアドレスのため**フルショットは難しくなりますし、クラブも短く持っていますので、飛距離は落ちてしまいます。**

この姿勢からひざを曲げていくと前下がりのセットアップになる。

前傾角度は平地のときと同じ。体重はつま先寄り。クラブヘッドのトウ部分を浮かせて、フェイス面をターゲット方向に向ける。

## 傾斜地のショット「左足上がりで傾斜がゆるいとき」

**左足上がりで傾斜がゆるいときは、斜面に沿ってからだを傾けてアドレスします。アドレスはおなかのラインから上を斜面と平行にして、体重は右足に多くかけます。スイング中も体重は右足に多くかけ続け、体重移動はほとんどしません。**

ボールの位置は「伊東昭年のスマートゴルフ」98ページを参照してください。基準になるのはスイングにおけるクラブヘッドの最下点です。**クラブヘッドの最下点または最下点よりやや右側にボールの右端をセットします。**

スイングはからだの傾きに合わせ、斜面に沿ってクラブヘッドを振り抜いていきます。このため、クラブヘッドはインサイドアウトに動きやすく、**ボールは右方向へ飛び出したり、フックボールになったりします。**ターゲット方向には注意しましましょう。

クラブの選択はよく考えましょう。**クラブのロフト角は、平地より大きくなるため飛距離は落ちてしまいます。**

おなかから上のラインは斜面と平行。体重は右足寄り。ボールの右端をクラブヘッドの最下点または最下点より右側にセットする。

## 傾斜地のショット「左足上がりで傾斜が急なとき」

**左足上がりで傾斜が急なときは、斜面に沿ってアドレスすることは難しくなります。安定してアドレスすることを優先し、平地と同じ上体の姿勢を保ってアドレスします。アドレスは左ひざを大きく曲げて、おなかのラインから上を水平面と平行にします。**素振りをしてフォロースルーで左ひざが邪魔になるようならば、左足を少し背中側に引いてアドレスしましょう。**アドレスは右足に体重を多くかけます。スイング中も体重は右足に多くかけ続け、体重移動はしません。**

ボールの位置は「伊東昭年のスマートゴルフ」98ページを参照してください。基準になるのはスイングにおけるクラブヘッドの最下点です。**クラブヘッドの最下点より右側にボールの右端をセットします。**

クラブの選択はよく考えましょう。**クラブのロフト角は平地と変わりませんが、急傾斜のためフルショットは難しくなり、また、フォロースルーでもクラブヘッドが振り抜きにくくなり飛距離は落ちてしまいます。**クラブ操作も難しくなってしまうので、大きいクラブは選択しないほうがよいでしょう。(写真はピッチングウェッジ)

飛距離をもう少し出そうとするときは、クラブヘッドをスムーズに振り抜くスイングをすることが必要です。そのためにはクラブヘッドをインサイドアウトの軌道で振り抜いていきます。このときはフックボールになりやすいので打ち出し方向に注意しましょう。

おなかのラインから上は水平面と平行。体重は右足寄り。ボールの右端をクラブヘッドの最下点より右側にセットする。

スイングで左ひざが邪魔になるのならば左足を背中側に引いてアドレス。

## 傾斜地のショット「左足下がりで傾斜がゆるいとき」

左足下がりで傾斜がゆるいときは、斜面に沿ってからだを傾けてアドレスします。**アドレスはおなかのラインから上を斜面と平行にして、体重は左足に多くかけます。スイング中も体重は左足に多くかけ続け、体重移動はほとんどしません。**

ボールの位置は「伊東昭年のスマートゴルフ」98ページを参照してください。基準になるのはスイングにおけるクラブヘッドの最下点です。**クラブヘッドの最下点または最下点よりやや右側にボールの右端をセットします。**

スイングはからだの傾きに合わせ、斜面に沿ってクラブヘッドを振り抜いていきます。**フォロースルーでクラブヘッドは斜面に沿って低く動いていきます。**このため、クラブヘッドはアウトサイドインに動きやすく、**ボールは左方向へ飛び出したり、スライスボールになったりします。**ターゲット方向には注意しましょう。

クラブの選択はよく考えましょう。**クラブのロフト角は、平地より小さくなるため飛距離は出てしまいます。**

おなかのラインから上は斜面と平行。体重は左足寄り。ボールの右端をクラブヘッドの最下点または最下点より右側にセットする。

フォロースルーでクラブヘッドは斜面に沿って低く動いていく。

## 傾斜地のショット「左足下がりで傾斜が急なとき」

**左足下がりで傾斜が急なときは、斜面に沿ってアドレスすることは難しくなります。安定してアドレスすることを優先し、平地と同じ上体の姿勢を保ってアドレスします。**

**アドレスは、右ひざを大きく曲げて、おなかのラインから上を水平面と平行にします。**素振りをしてバックスイングで右ひざが邪魔になるようならば、右足を少し背中側に引いてアドレスしましょう。

**アドレスは左足に体重を多くかけます。スイング中も体重は左足に多くかけ続け、体重移動はしません。上体はターゲット方向よりやや左を向いて構えますが、クラブフェイスはターゲット方向に向けて、グリップを握りなおします。**

ボールの位置は「伊東昭年のスマートゴルフ」98ページを参照してください。基準になるのはスイングにおけるクラブヘッドの最下点です。**クラブヘッドの最下点より右側にボールの右端をセットします。**右側の地面が高い位置にあるので、こうしないとクラブヘッドはボールに届く前に地面と接触してダフってしまいます。

ターゲット方向には注意します。上体が左を向いているので、ターゲット方向（クラブフェイスの向いている方向）に対してクラブヘッドの軌道はアウトサイドインになり、左へ飛び出すスライス回転のボールになります。

クラブの選択はよく考えましょう。**クラブのロフト角は平地と変わりませんが、急傾斜のためフルショットは難しくなり、スライス回転もかかるため飛距離は落ちてしまいます。**クラブ操作も難しくなってしまうので、大きいクラブは選択しないほうがよいでしょう。（写真はピッチングウェッジ）

おなかのラインから上は水平面と平行。体重は左足寄り。ボールの
右端をクラブヘッドの最下点より右側にセットする。

斜面に沿ってバックスイングする。